# ABRAHAM EL VALIENTE EXPLORADOR DE DIOS

## GÉNESIS 11-25

## KAY ARTHUR
## JANNA ARNDT

*Las ilustraciones fueron hechas por Steve Bjorkman*

*La portada fue hecha por Left Coast Design, Portland, Oregon*

Harvest House Publishers, Inc., es el titular exclusivo de la licencia de la marca registrada federalmente Discover 4 Yourself.

Discover 4 Yourself® Estudios Bíblicos para Niños
ABRAHAM, GOD'S BRAVE EXPLORER
Copyright ©2003 por Ministerios Precepto Internacional
Publicado por Harvest House Publishers
Eugene, Oregon 97402
www.harvesthousepublishers.com

ISBN 978-1-62119-768-3

**2020, Impreso en los Estados Unidos de América**

# CONTENIDO

Buscando la Verdad
¡Un Estudio Bíblico que *Tú* Puedes Hacer!

# BUSCANDO LA VERDAD
## ¡UN ESTUDIO BÍBLICO QUE TU PUEDES HACER!

¡Hola! ¿Adivina qué? Silvia, Chispa (el gran perro detective) y yo iremos hacia el oeste para seguir la Ruta de Oregón. ¿No suena eso emocionante? Por cierto, mi nombre es Max y queremos que nos acompañes en una emocionante aventura en la Palabra de Dios al viajar por una calurosa y polvorienta tierra salvaje y descubrir a uno de los valientes exploradores de Dios, un hombre llamado Abram.

¿Sabías que los pioneros que siguieron la Ruta de Oregón dejaron atrás sus hogares, su país y sus familias para comenzar una nueva vida en una tierra que nunca antes habían visto, con la esperanza de poder tener una mejor vida? ¿Qué hay sobre Abram? ¿Quién es este valiente explorador? ¿Por qué él dejó su hogar y viajó a una tierra que no conocía? ¿Por qué cambió Dios su nombre de Abram a Abraham? ¿Y qué hizo él para tener una vida de bendiciones y ser llamado amigo de Dios? ¿No es asombroso pensar que Dios podría llamarte Su amigo?

Tienes tanto por descubrir sobre Abraham al estudiar el mapa de Dios, la Biblia, la fuente de toda la verdad, así que pídele al Espíritu de Dios que te guíe y te dirija. Además tienes este libro, que es un estudio bíblico inductivo.

La palabra inductivo quiere decir que irás directo a la Biblia por ti mismo para investigar la vida de Abraham en el libro de Génesis y descubrir qué significa, en lugar de depender de lo que alguien te diga que significa.

Así que empaca tu equipo, ¡y no olvides el mapa de Dios! Comencemos nuestro viaje hacia el oeste sobre terreno rugoso para descubrir qué significa andar por la fe y convertirse en amigo de Dios. ¡Hacia el oeste! ¡Vamos!

¡ESTOY LISTO PARA IR!

---

## COSAS QUE NECESITARÁS
▼

NUEVA BIBLIA LATINOAMERICANA DE HOY
O PREFERIBLEMENTE, LA BIBLIA DE ESTUDIO
INDUCTIVO (BEI)
LÁPIZ O PLUMA
LÁPICES DE COLORES
TARJETAS EN BLANCO
UN DICCIONARIO
ESTE LIBRO DE TRABAJO

# 1

## LA VALIENTE AVENTURA DE ABRAM

## GÉNESIS 11-14

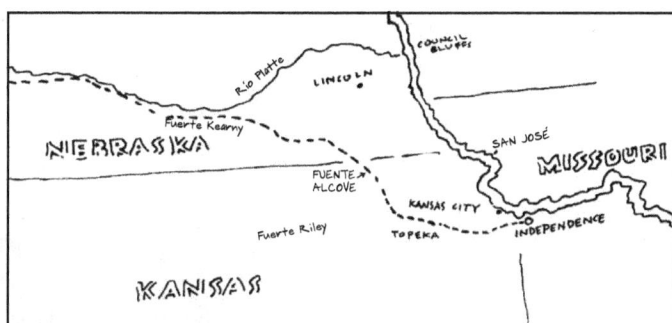

"¡Muy bien! La camioneta tiene el equipaje y está lista para salir. Oh no, ¿dónde está Chispa? Chispa, ¿dónde estás? Ven, perrito, estamos listos para irnos. ¡Cuidado, ahí viene! ¡Rápido! ¡Sal del camino! Qué alivio, justo a tiempo. Chispa, cálmate muchacho. Casi tumbas a Silvia.

"De acuerdo, subamos a la camioneta y vámonos de aquí. Nuestra primera parada es San Luis, Missouri, donde muchos de los pioneros llegaron desde sus casas para alistarse para la aventura de sus vidas. Así que saca el mapa de Dios, la Biblia y al dirigirnos hacia el oeste para nuestra gran aventura, descubramos sobre nuestro valiente explorador de Dios. ¿QUIÉN es Abram y POR QUÉ dejó su hogar? ¿Fue por el espíritu de la aventura o por una mejor vida, como lo fue para algunos de nuestros pioneros? Abramos el mapa de Dios para descubrirlo".

## SIGUIENDO AL VALIENTE EXPLORADOR DE DIOS

Estamos en camino. Al abrir el mapa de Dios para descubrir QUIÉN es Abram, ¿QUÉ es lo primero que necesitas hacer? ¿Lo sabes? ¡Así es! Orar. El estudio bíblico siempre debe comenzar con oración.

Necesitamos que Dios sea nuestro Jefe de Caravana al comenzar nuestro viaje por la Ruta de Oregón. El jefe de caravana estaba a cargo de toda la caravana de vagones cubiertos. Él tomaba todas las decisiones sobre detenerse o continuar. Él también decidía qué camino debían tomar. ¡Su palabra era la ley!

Así como el jefe de caravana cuidaba de los pioneros en su viaje, necesitamos que Dios nos dirija y enseñe con Su Espíritu al comenzar nuestro viaje en Su Palabra, para que podamos entender lo que Él dice y asegurarnos de manejar Su Palabra con precisión. Oremos y luego podemos comenzar leyendo el mapa de Dios.

*Padre celestial, Te alabamos por ser nuestro Pastor que nos dirige al estudiar Tu Palabra. Abre nuestros ojos para que podamos ver la verdad al estudiar la vida de Abraham. Abre nuestros corazones para que podamos entender qué significa Tu Palabra. Ayúdanos a aplicar todo lo que aprendamos a nuestras vidas para que podamos ser más como Jesús. Queremos agradarte. Te amamos y pedimos estas cosas en el nombre de Jesús. Amén.*

La vida de Abram comienza en el libro de Génesis, el cual es conocido como el libro de los orígenes. Así que al comenzar nuestra investigación sobre nuestro valiente explorador, necesitamos ponernos en contexto al repasar el libro de Génesis.

¿QUÉ es el contexto? El contexto es el marco o entorno en el que algo se encuentra. Esto es muy importante en el estudio bíblico. El contexto es una combinación de dos palabras: *con*, que significa "junto a", y *texto*, que quiere decir "lo que está escrito". Así que cuando buscas el contexto en la Biblia, buscas los versos y capítulos alrededor del pasaje que estás estudiando, como todo el libro de Génesis, además de revisar cómo estos encajan en toda la Biblia.

El contexto además incluye:

✞ El lugar donde algo ocurre. (Esto es el contexto geográfico, como saber dónde vivía Abram. ¿Vivía él en la tierra de Canaán o en los Estados Unidos?)

✞ El tiempo en la historia en que un evento ocurre. (Esto es el contexto histórico, por ejemplo, ¿vivió Abram antes de Noé y el diluvio o después del diluvio?)

✞ Las costumbres de un grupo de personas. (Esto es el contexto cultural. Por ejemplo, ¿vivió Abram en una tienda o en una casa como nosotros en la actualidad?)

Si ya has estudiado Génesis Parte Uno: *La Asombrosa Creación de Dios* y Génesis Parte Dos: *Desenterrando el Pasado*, entonces has descubierto por ti mismo que Génesis es un libro de generaciones. Una generación es lo que se trae a existencia. Ésta muestra de dónde provino algo o alguien. Una generación muestra el orden de nacimiento, la historia de la familia.

En Génesis 2:4 vemos las generaciones de los cielos y la tierra. En Génesis 5:1 vemos las generaciones de Adán. Vemos las generaciones de Noé en Génesis 6:9; las generaciones de Sem, Cam y Jafet en Génesis 10:1 y las generaciones de Sem en Génesis 11:10. ¿DÓNDE encaja Abram en estas generaciones? Vamos a averiguarlo.

Ve a tu Registro de Observaciones en la página 157. Los Registros de Observaciones son las páginas que tienen el texto bíblico impreso para que lo uses al hacer tu investigación de la vida de Abram.

Ahora lee Génesis 11:24-32 y marca toda referencia de Abram de una manera especial coloreando *Abram* de azul, junto con cualquier pronombre que también se refieran a Abram. ¿QUÉ son los pronombres? Revisa el mapa de Max y Silvia a continuación.

---

**PRONOMBRES**

Los pronombres son palabras que toman el lugar de los sustantivos. Un sustantivo es una persona, lugar o una cosa. ¡Un pronombre representa a un sustantivo! Aquí hay un ejemplo: "Silvia y Max se dirigen hacia el oeste para viajar por la Ruta de Oregón. Ellos tendrán que manejar aproximadamente 4.828 kms. desde su hogar para llegar al final de la ruta". La palabra *ellos* es un pronombre porque reemplaza los nombres de Silvia y Max en la segunda oración. Es otra palabra que usamos para referirnos a Silvia y a Max.

Presta atención a estos otros pronombres cuando estés marcando personas:

| | | | |
|---|---|---|---|
| Yo | tú | él | ella |
| mí | tuyo | suyo | |
| mío | | | |
| | | | |
| nosotros | | | |
| nuestro | nos | | |
| ellos | su | | |

---

Ahora que has marcado a *Abram*, vuelve y marca una de las frases clave en el libro de Génesis: *"estas son las generaciones de"* colocando un rectángulo azul alrededor de esta frase clave.

¡Genial! Ahora hagamos algunas preguntas. Un explorador siempre obtiene los hechos al hacer muchas preguntas antes de comenzar un viaje.

Veamos QUÉ podemos aprender sobre Abram y su familia al hacer las seis preguntas básicas. ¿Qué son las seis preguntas básicas? Corresponden a las preguntas QUÉ, QUIÉN, CÓMO, CUÁNDO, DÓNDE y POR QUÉ.

1. Quién te ayuda a averiguar:

   ¿QUIÉN escribió esto?

   ¿Sobre QUIÉNES estamos leyendo?

¿A QUIÉN fue escrito?

¿QUIÉN dijo esto o hizo aquello?

2. Preguntando QUÉ te ayuda a entender:

¿De QUÉ está hablando el autor?

¿CUÁLES son las principales cosas que suceden?

3. DÓNDE te ayuda a aprender:

¿DÓNDE ocurrió algo?

¿ADÓNDE fueron tales personas?

¿En DÓNDE fue dicho esto?

Cuando descubrimos un "DÓNDE" (lugar), subrayamos el "<u>DÓNDE</u>" con doble línea de color verde.

4. CUÁNDO nos indica el tiempo. Lo marcamos con un reloj verde como este:

CUÁNDO nos indica:

¿CUÁNDO sucedió este evento o cuándo sucederá?

¿CUÁNDO hicieron algo los personajes principales? Nos resulta útil seguirle la pista al orden de los eventos.

5. POR QUÉ hace preguntas como:

¿POR QUÉ él dijo eso?

¿POR QUÉ fueron ellos a ese lugar?

¿POR QUÉ ocurrió esto?

6. CÓMO te deja averiguar cosas tales como:

¿CÓMO se debe hacer algo?

¿CÓMO supo la gente que algo había sucedido?

Ahora obtengamos esos hechos.

¿De QUIÉN son estas generaciones en Génesis 11:27?

---

Volviendo a Génesis 11:10, vemos que Taré vino de las generaciones de Sem. Descubramos QUIÉN está en el árbol genealógico de Taré.

Génesis 11:27 ¿De QUIÉNES fue padre Taré?

---

Génesis 11:27 ¿De QUIÉN fue padre Harán?

---

Génesis 11:29 ¿QUIÉN era la esposa de Abram?

---

Génesis 11:30 ¿QUÉ vemos sobre Sarai?

---

Génesis 11:31 ¿DÓNDE vivía la familia de Taré?

---

Génesis 11:31 ¿DÓNDE estableció Taré a su familia?

_____

Génesis 11:32 ¿QUÉ ocurrió con Taré en Harán?

_____

    Ahora regresa y lee Génesis 11:27-29 de nuevo, para que puedas completar parte del árbol genealógico de Taré. Completaremos este árbol genealógico al continuar nuestro viaje en la Palabra de Dios.

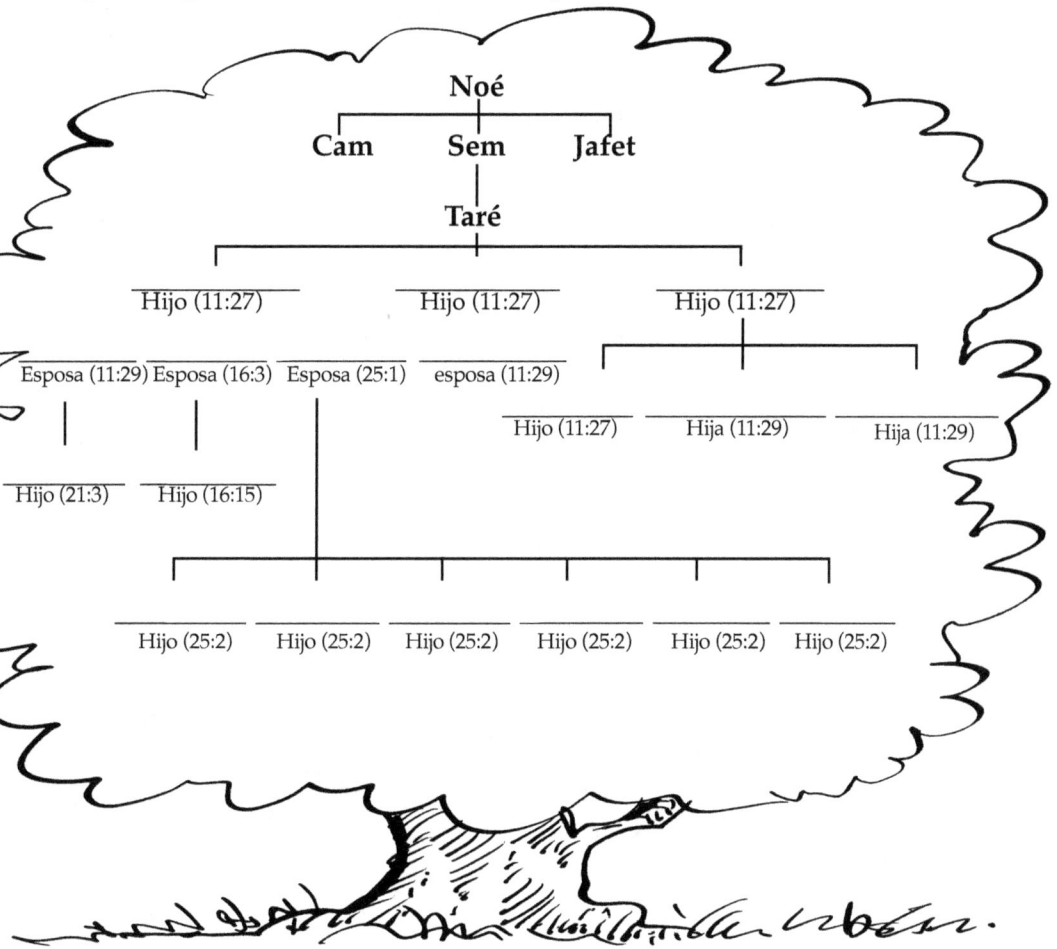

Noé

Cam    Sem    Jafet

Taré

Hijo (11:27)    Hijo (11:27)    Hijo (11:27)

Esposa (11:29) Esposa (16:3) Esposa (25:1)    esposa (11:29)

Hijo (11:27)    Hija (11:29)    Hija (11:29)

Hijo (21:3)    Hijo (16:15)

Hijo (25:2)    Hijo (25:2)    Hijo (25:2)    Hijo (25:2)    Hijo (25:2)    Hijo (25:2)

¡Vaya! ¡Mira todo lo que has descubierto de tan solo una pequeña porción del mapa de Dios! ¡Te convertirás en un gran explorador!

Antes que lleguemos a San Luis, hay algo más que necesitas hacer. Un valiente explorador de Dios necesita estar preparado para el viaje que Dios ha planeado para él o ella y la única manera de estar preparado para lo que sea que Dios tiene para ti, es conocer Su Palabra. Guardar la Palabra de Dios en tu corazón te mantendrá en el camino correcto cuando el viaje se vuelva difícil y te dará esperanza al poner tu fe en Dios.

Como parte de tu viaje a través de la naturaleza, necesitas aprender un verso de memoria cada semana para que cuando llegues a la ciudad de Oregón, en el estado de Oregón, estés plenamente equipado para lo que sea que Dios ha planeado para tu vida.

Para descubrir el verso de esta semana, usa tus habilidades de navegación para encontrar el camino correcto en el laberinto a continuación. Luego completa los espacios en blanco con las palabras correctas en las líneas después del laberinto.

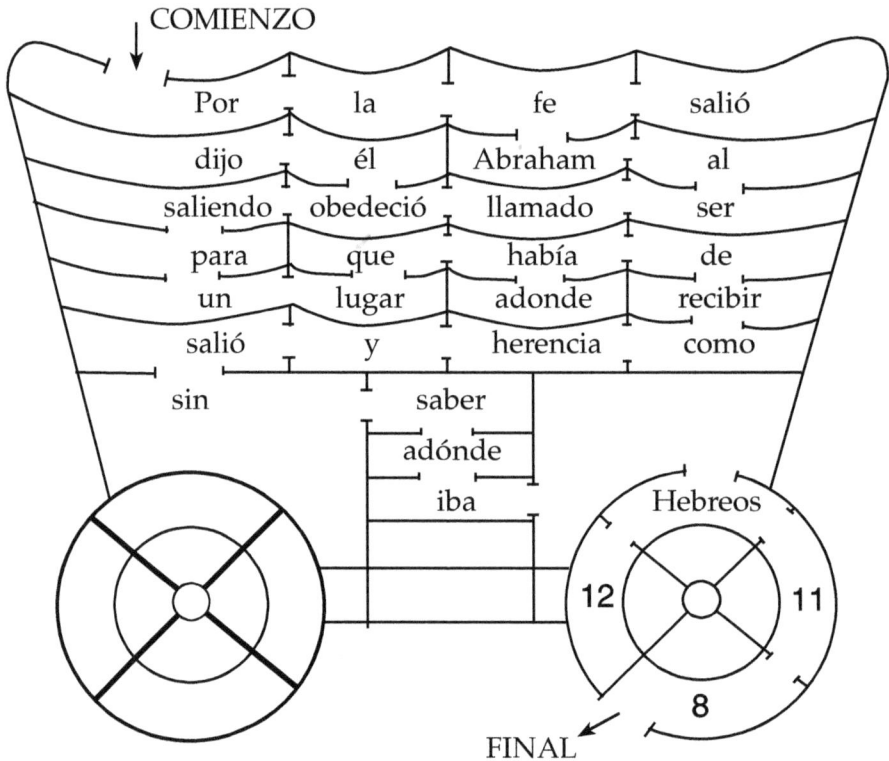

COMIENZO

| Por | la | fe | salió |
| dijo | él | Abraham | al |
| saliendo | obedeció | llamado | ser |
| para | que | había | de |
| un | lugar | adonde | recibir |
| salió | y | herencia | como |
| sin | saber | | |
| | adónde | | |
| | iba | | Hebreos |

12      11

8

FINAL

_____ \_\_\_\_\_ \_\_\_\_ _____, \_\_\_\_

_____ _____, _____,

_____ _____ \_\_\_\_\_ _____

_____ _____ \_\_\_\_ _____

_____ _____; \_\_\_ _____

\_\_\_\_\_ _____ _____ _____ _____.

Hebreos \_\_\_:\_\_

¡Muy bien! ¡Ahora practica el verso diciéndolo en voz alta tres veces seguidas, tres veces todos los días!

## Dios Llama a Abram

"¡Miren!" exclamó Silvia mientras Max, Chispa y sus familias iban por el parque en San Luis hacia el arco de San Luis. "Ahí está, justo al frente. ¡No puedo creer lo grande que es!"

"¡Oh, cielos! Apúrense todos. No puedo esperar para verlo de cerca. ¿Realmente podremos llegar hasta la parte más alta del arco, papá?"

"Seguro, Max", respondió Lucas, el padre de Max. "Podemos subir todo el camino hasta la cima en una cápsula pequeña de cinco pasajeros. Luego podemos salir hacia lo más alto del arco y mirar a través de unas ventanas muy pequeñas".

"Esto será asombroso", dijo Max. "¿Qué tan alto estaremos?"

La tía de Max, Katy, quien es la mamá de Silvia, respondió al leer la guía. "El arco es uno de los monumentos más grandes y más altos de los Estados Unidos. ¡Tiene 192 metros de altura!"

"Genial" respondió Max. "Ya casi estamos ahí. Hagamos una carrera, Silvia".

"Está bien", dijo Silvia riendo. "¡Vamos!", gritó ella al salir corriendo por el césped para vencer a Max y ser la primera en tocar el arco.

Ahora, mientras nos dirigimos al interior del arco con Max, Silvia y Chispa y sus familias, para subir hasta la cima, hablemos con nuestro Jefe de Caravana, Dios. Luego podremos sacar el mapa de Dios y descubrir qué estaba pasando con Abram, nuestro valiente explorador.

Al subir hasta lo más alto del arco, ve a tu Registro de Observaciones en Génesis 11:24-32 en las páginas 158-159.

Repasemos lo que vimos ayer cuando descubrimos quién era la familia de Abram.

Génesis 11:31 ¿DÓNDE vivían?

_____ de los _____

¿ADÓNDE se dirigía Taré (padre de Abram) con Abram, Lot (nieto de Taré y sobrino de Abram) y Sarai (esposa de Abram)?

La _____ de _____

Pero cuando empezaron su viaje, ¿ADÓNDE fueron a parar?

En _____

Génesis 11:32 ¿Y luego QUÉ ocurrió?

_____ murió.

Ahora ¿POR QUÉ decidió Taré mudar a su familia? ¿Lo sabes? Vamos a averiguarlo haciendo algunas referencias cruzadas. ¿QUÉ son las *referencias cruzadas*? Es donde comparamos Escritura con Escritura al revisar otros pasajes en la Biblia. Esta es una herramienta de estudio bíblico muy importante que podemos usar al buscar el significado de una Escritura, pues sabemos que la Escritura nunca contradice a la Escritura.

Vamos a sacar el mapa de Dios (la Biblia). Busca y lee Hechos 7:1-5.

Viendo Hechos 7:2-3, ¿POR QUÉ Abraham (Abram) decide dejar su país?

_____

_____

Hechos 7:2 ¿CUÁNDO le habló Dios a Abram?

Cuando él estaba en _____, antes que

viviera en _____.

Hechos 7:3 ¿QUÉ le dijo Dios a Abraham que hiciera?

_____

_____

Hechos 7:4 ¿QUÉ hizo Abraham?

_____

Hechos 7:4 ¿QUÉ pidió Dios que Abraham hiciera después de la muerte de su padre?

_____

Busca y lee Isaías 51:1, 2.

Isaías 51:2 ¿CUÁNDO llamó Dios a Abraham?

_____

Isaías 51:2 ¿QUÉ sucedió cuando Dios llamó a Abraham?

Dios lo _____ y lo _____.

Ahora busquemos un verso más, tu verso para memorizar. ¿Lo has practicado hoy? Busca y lee Hebreos 11:8.

¿QUÉ hizo Abraham cuando él fue llamado?

Él o __ __ __ __ __ __ ó.

¿CÓMO? Al _____

_____

¿Sabía Abraham ADÓNDE iba?

_____

Echa un vistazo al mapa en la siguiente página para ver la ruta que Abraham tomó para llegar a Canaán.

Ahora sabemos POR QUÉ Taré decidió que su familia debía mudarse. Hechos 7 nos dice que Dios se apareció a Abraham y le dijo que dejara su país y su familia para ir a una tierra que Él le mostraría. Isaías 51 y Hebreos 11 nos muestran que Dios llamó a Abraham.

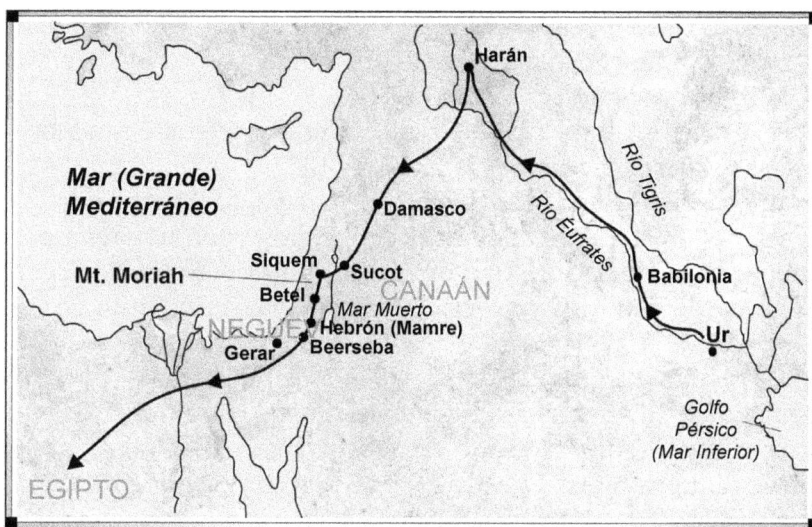

En Hebreos también vemos que Abraham obedeció, sin saber adónde iba. ¿No es eso asombroso?

Abraham tenía fe. Él confió y siguió a Dios cuando Dios lo llamó, aun cuando él no sabía adónde lo llevaría.

¿Qué hay de ti? ¿Has puesto tu fe en Dios? ¿Estás dispuesto a seguirle? ¿Obedeces cuando Dios te muestra lo que necesitas hacer? Piensa sobre cómo respondes el llamado de Dios.

Vamos a descubrir más al continuar nuestro viaje mañana. Ahora que hemos llegado a la parte más alta del arco, ¡practiquemos nuestro verso para memorizar al contemplar el fantástico paisaje de San Luis desde 192 metros sobre la tierra!

## APRENDIENDO A SEGUIR A DIOS

"¿No fue increíble estar en la cima del arco?" preguntó Max a Silvia mientras desayunaban la mañana siguiente.

"Sí, me encantó", respondió Silvia. "Pero subir hasta allá fue otra cosa. Esa diminuta cápsula era taaan pequeña y sofocante. Creí que esos cuatro minutos no acabarían nunca".

Max se rió al responder: "A Chispa tampoco le gustó mucho. Jamás lo había escuchado ladrar tanto, ¿y tú?"

La mamá de Max, Lucy, respondió: "Chispa, casi haces que nos boten del arco. Ahora sé un buen perro hoy cuando vayamos a Independencia, Missouri, uno de los tres lugares de partida para los pioneros. Será el inicio oficial de nuestro viaje en la Ruta de Oregón".

"¡Sí!" exclamaron Max y Silvia. "¡Estamos listos para ir!"

¿Qué hay de ti? ¿Has hablado con tu Jefe de Caravana? Comencemos el siguiente tramo de nuestro viaje. Ve a la página 159 a Génesis 12. Hoy al leer nuestro mapa necesitamos marcar algunas palabras clave.

¿Qué son las *palabras clave*? Son palabras que aparecen más de una vez. Son llamadas palabras clave porque ayudan a descifrar el significado del capítulo o del libro que estás estudiando y te dan pistas sobre qué es lo más importante en un pasaje de las Escrituras.

✞ Las palabras clave son usadas usualmente una y otra vez.

✞ Las palabras clave son importantes.

✞ Las palabras clave son usadas por el autor por una razón.

Una vez que descubras una palabra clave, tendrás que marcarla de una manera especial usando un color o símbolo en particular para que puedas identificarla inmediatamente en las Escrituras. ¡No olvides marcar también cualquier pronombre que se refiera a las palabras clave! Lee Génesis 12 y marca las siguientes palabras clave:

Dios (dibuja un triángulo morado y coloréalo de amarillo)


Abram (coloréalo de azul)

Bendecir (bendición, bendijo) (coloca una nube azul alrededor y coloréala de rosado)

Tierra (subráyala con doble línea de color verde y colorea la palabra de azul)

Altar (dibuja un cuadro rojo alrededor)

Lot (coloréalo de naranja)

Hambre (enciérrala en un cuadro y coloréala de café)

No olvides marcar cualquier cosa que te indique DÓNDE ocurrió algo subrayando el lugar con doble línea verde. Y no olvides marcar cualquier cosa que te indique CUÁNDO dibujando un reloj verde como este:

Ahora hagamos una lista para ver qué prometió Dios a Abram.

Génesis 12:1 Te daré una t ___ ___ ___ ___ a que te mostraré.

Génesis 12:2 Haré de ti una _____ _____.

Génesis 12:2 Te _____ y engrandeceré

tu _____.

Génesis 12:7 A tu _____ daré esta

_____.

Al seguir a Abraham en nuestro viaje de fe, necesitamos observar lo que Dios hace. ¿Guarda Dios Sus promesas a Abram? Recuerda que Sarai es estéril en este momento. Estéril quiere decir que ella y Abram nunca han tenido un hijo, pero Dios ha prometido hacer de Abram una gran nación y dar esta tierra a sus descendientes. Para que Dios pueda hacer de Abram una gran nación, sabemos que algún día Él les dará un hijo a Abram y Sarai.

Ahora procedamos a obtener los hechos al hacer las seis preguntas básicas.

Génesis 12:4 ¿CUÁNTOS años tiene Abram cuando él parte de Harán?

_____

¿Puedes creer que Abram tiene 75 años y todavía no tiene hijos? (Por cierto, ¿recordaste poner un reloj verde encima de la edad de Abram?

Génesis 12:5 ¿A QUIÉN llevó Abram consigo?

_____

Génesis 12:5 ¿ADÓNDE se dirigen?

_____

Génesis 12:6 ¿QUÉ tan lejos llegó Abram?

_____

Echa un vistazo a tu mapa. Revisa dónde se detuvo Abram y encierra el lugar con verde.

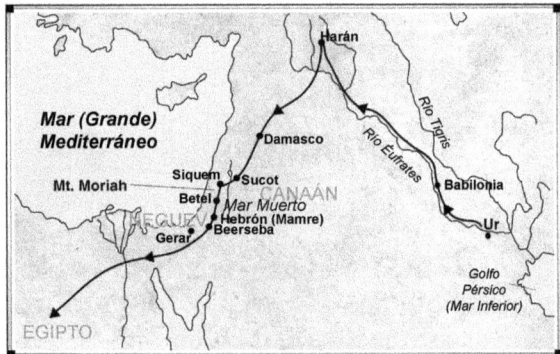

Génesis 12:7 ¿QUÉ sucedió en estos versos?

_____

_____

Génesis 12:7 ¿QUÉ edificó allí Abram?

_____

Génesis 12:8 ¿QUÉ hizo Abram aquí?

_____

Génesis 12:9 ¿ADÓNDE viajó Abram?

_____

Génesis 12:10 ¿QUÉ ocurre?

_____

Génesis 12:11-13 ¿QUÉ le dijo Abram a Sarai que hiciera cuando ellos llegaran a Egipto?

_____

Génesis 12:15 ¿QUÉ hizo faraón?

Génesis 12:16 ¿CÓMO fue tratado Abram?

_____

Génesis 12:17 ¿QUÉ hizo el Señor?

_____

Génesis 12:17 ¿POR QUÉ?

_____

Génesis 12:18 ¿QUÉ hizo faraón?

_____

_____

¡Mira todo lo que hemos descubierto hoy! Cuando Abram comienza su viaje para seguir a Dios, él llega a Siquem donde Dios se le aparece y le recuerda Su promesa. ¿CÓMO responde Abram? Él edifica un altar y adora a Dios.

Luego, al continuar su viaje a Hai, no solo vemos a Abram edificando otro altar para adorar a Dios, sino que también lo vemos invocando el nombre del Señor.

¿Sabías que en la Biblia el nombre de una persona revela su carácter? Así que cuando Abram invocaba el nombre de Dios, él estaba reconociendo a Dios por QUIEN Él es, Su carácter y Sus caminos. Adorar a Dios es reconocer Su valor, darle el honor y reverencia que Le pertenecen. Es alabar a Dios por QUIEN Él es.

Dios ha sido fiel para llevar a Abram en su viaje a la tierra que Él le había prometido, así que Abram edificó altares para adorar a Dios e invocar Su nombre.

Pero ¿qué sucede luego? Llega una hambruna a la tierra y en lugar de preguntarle a Dios qué debería hacer, Abram se va por su cuenta. Él desciende a Egipto. ¿Sabías que Egipto es una figura del mundo?

No solo vemos a Abram tomando su propio camino en lugar del de Dios al dirigirse a Egipto, sino que también vemos que él se mete en problemas. Abram le dice a Sarai que él teme que faraón lo mate si él llega a enterarse que ella es su esposa, así que le dice que le diga a faraón que ella es su hermana. Esto nos muestra que Abram temía al hombre más de lo que temía a Dios.

Solo mira los problemas que eso conlleva. Dios hiere a faraón y su casa porque faraón ha tomado a Sarai.

¡QUÉ desastre! ¿Es Abram perfecto? No, acabamos de ver a Abram cometer un error muy grande. Pero ¿cambia Dios de opinión en cuanto a Su promesa a Abram? ¡Claro que no! Dios rescata a Abram al herir a faraón y a su casa.

A pesar de que Abram falló, Dios no lo rechazó. Él todavía ama a Abram y tiene un plan para su vida. Esto nos muestra que Dios es un Dios de gracia y misericordia. La gracia es un favor no merecido. No podemos ganarnos el amor y perdón de Dios, es un regalo. Además vemos que Dios tiene longanimidad. Esto quiere decir que Dios es paciente con nosotros mientras aprendemos a depender y apoyarnos en Él. Abram apenas está empezando su viaje de fe, aprendiendo a confiar y depender de Dios.

¿QUÉ hay de ti? ¿CUÁL es tu relación con Dios? Abram temía a faraón. ¿Alguna vez has temido y dicho algo que no debiste decir para poder salir de una situación difícil? _____ Sí _____ No

Si lo has hecho, escribe lo que hiciste en las líneas a continuación.

_____

_____

Ahora ora y pídele a Dios que te ayude a confiar en Él la próxima vez que tengas miedo. ¡Pídele que te dé el valor para hacer lo correcto!

Muy bien, ¡estás en camino en tu viaje de fe! ¡No olvides practicar tu verso de memoria tres veces seguidas, tres veces al día!

## CONFLiCTO Y DECiSIONES

Cuando la camioneta llegó al Centro de Rutas de la Frontera Nacional en Independencia, Missouri, Max dijo: "Independencia, Missouri, uno de los tres puntos de partida para los pioneros. ¿Sabías que nuestra guía turística dice que al oeste de aquí se encuentra el lugar donde los pioneros llenaban sus barriles de agua antes de partir hacia el oeste?"

"Eso es correcto, Max", dijo el tío Guillermo, quien es el papá de Silvia. "Cuando los emigrantes llegaron aquí, lo primero que hicieron fue buscar un vagón en el que pudieran unirse. Luego, ellos necesitaban obtener las provisiones, herramientas y animales para el largo y duro viaje que estaba ante ellos. ¿Sabes que tuvieron que hacer después de armar la caravana y empacar sus provisiones? Ellos tuvieron que esperar por una cosa más".

"Lo sé, papá", dijo Silvia. "Ellos tuvieron que esperar que el césped se volviera verde para que pudieran alimentar a sus caballos, bueyes y otros animales a lo largo del camino".

AQUÍ EMPEZÓ LA RUTA DE OREGÓN

"Así es, Silvia", respondió su papá. "Ahora vayamos todos adentro y aprendamos cómo empacar nuestros vagones así como los pioneros lo hicieron para su viaje hacia el oeste".

Al entrar al museo para aprender cómo empacar nuestros vagones, leamos el mapa de Dios y descubramos qué hace Abram y adónde va después que los hombres de faraón lo despidieron de la tierra de Egipto.

Ve a la página 161. Lee Génesis 13 y marca las siguientes palabras clave:

Abram (coloréalo de azul)

Lot (coloréalo de naranja)

Tierra (subráyala con doble línea verde y coloréala de azul)

Altar (dibuja un cuadro rojo alrededor)

No olvides marcar cualquier cosa que te indique un DÓNDE (lugar) subrayándolo con doble línea de color verde. Y no olvides marcar cualquier referencia que indique CUÁNDO dibujando un reloj verde como este:

Ahora vuelve al mapa en la página 19 y sigue el viaje de Abram haciendo las seis preguntas básicas.

Génesis 13:1 ¿ADÓNDE fue Abram al salir de Egipto?

_____

El Neguev es el desierto, una tierra reseca. Es el distrito sur de Judá.

Génesis 13:3 ¿ADÓNDE viajó Abram desde el Neguev?

_____

Génesis 13:3, 4 ¿QUÉ hizo Abram cuando él regresó al lugar

DONDE estaba su tienda antes? _____

_____

    ¿No es asombroso ver a Abram regresar a adorar a Dios e invocar Su nombre después que él había fallado? Abram pecó cuando escogió hacer las cosas a su manera en lugar de confiar en Dios. Pero Dios intervino. Él protegió a Abram y Su promesa a él. Una vez que Abram se dio cuenta de su error, ¿se dio por vencido? ¡De ninguna manera! Nuestro valiente explorador siguió adelante. Él no se quedó en su error. Él regresó a Dios para invocar Su nombre y adorarlo.

    Génesis 13:5-7 ¿QUÉ estaba sucediendo en estos versos?

_____

_____

_____

Génesis 13:8-9 ¿QUÉ le dice Abram a Lot que haga?

_____

Génesis 13:10-11 ¿QUÉ tierra escogió Lot?

_____

Génesis 13:13 ¿QUÉ vemos sobre los hombres de Sodoma donde Lot se estableció?

_____

Génesis 13:12 ¿DÓNDE se asentó Abram?

_____

Génesis 13:14-15 ¿QUÉ le dijo el Señor a Abram después que Lot y él se separaron?

_____

_____

Génesis 13:16 ¿QUÉ le dijo Dios a Abram sobre sus descendientes?

_____

Génesis 13:17 ¿QUÉ le dijo Dios a Abram que hiciera?

_____

Génesis 13:18 ¿ADÓNDE movió Abram su tienda?

_____

Génesis 13:18 ¿QUÉ hizo Abram?

_____

¿Notaste el conflicto entre Lot y Abram? El carácter de Abram es revelado cuando vemos que permite que Lot escoja primero la tierra que quería. Abram era rico, pero él no era codicioso. ¿Notaste que Lot escogió lo que él pensó que sería la mejor tierra? ¿Lo era?

¿Alguna vez has tenido que compartir el último pedazo de pastel con tu hermano o hermana? Cuando cortaste el pastel, ¿escogiste el mejor pedazo para ti mismo o permitiste que tu hermano o hermana escogiera primero?

---

Recuerda, Dios observa lo que hacemos y recompensa nuestra generosidad.

¿Qué le mostró Dios a Abram después que él finalmente se separó de Lot? Por primera vez Dios le muestra a Abram la tierra que Él le había prometido. ¡Vaya! Luego Dios le dice que esta tierra le pertenecerá a sus descendientes para siempre.

Él también le dice que tendrá tantos descendientes que no podrán ser contados. ¿No es eso asombroso, ya que Abram tenía 75 años y ni siquiera tenía un solo hijo? Sin embargo, ¡Dios le prometió que un día él tendría tantos hijos que él no podría contarlos a todos!

Hoy también hemos visto dos decisiones muy diferentes: Lot escogió lo que él pensó que era la mejor tierra, pero Abram esperó en Dios para que le mostrara la tierra que Él había prometido. ¿Cómo afectan estas dos decisiones a las vidas de estos dos hombres? Lo descubriremos al continuar nuestro viaje.

¿QUÉ hay de ti? ¿Tomas decisiones sin la ayuda de Dios o esperas en Dios para que Él te muestre qué es lo mejor?

Escribe lo que haces.

---

Ahora que nuestros vagones están empacados, vamos a la corte en Independencia, Missouri y partamos hacia la Ruta de Oregón mientras practicamos nuestro verso de memoria en voz alta. ¡Hacia el oeste! ¡En marcha!

## EL EXPLORADOR DE DIOS CONOCE A LOS REYES

"¡Muy bien!" gritó Max mientras toda su familia se amontonaba en la camioneta y dejaba la ciudad de Independencia. "¡Al oeste! ¡Finalmente estamos en la Ruta de Oregón! Oye, Silvia, ¿sabías que cuando los pioneros cruzaron la frontera de Missouri también estaban dejando los Estados Unidos?"

"Oye", respondió Silvia, "eso suena bastante a cuando Abram dejó su país para seguir el llamado de Dios".

"Seguro que sí", dijo Max. "Cuando el jefe de la caravana daba la orden: '¡Vagones, en marcha!', los vagones rechinaban al pasar por las planicies, dejando los Estados Unidos en un viaje de cinco a seis meses que cambiaría sus vidas para siempre".

"Sí que me alegra saber que no nos tomará cinco a seis meses para llegar a Oregón", intervino la mamá de Max.

Todos se rieron. La mamá de Max dijo: "Ahora, ¿por qué no sacamos el mapa de Dios mientras estamos en camino? Regresemos a Génesis para seguir a nuestro valiente explorador y observar cómo su viaje de seguir a Dios cambia su vida".

¿Estás listo para comenzar el viaje? ¿Has orado? ¡Grandioso! Entonces saca el mapa de Dios y ve a la página 162. Lee Génesis 14 y marca las siguientes palabras clave:

Dios

Bendecir (bendito, bendijo) (coloca una nube azul alrededor y coloréala de rosado)

Abram (coloréalo de azul)

Lot (coloréalo de naranja)

Melquisedec (dibuja un cuadro morado a su alrededor)

No olvides marcar cualquier referencia que te indique <u>DÓNDE</u> ocurre algo, subrayando el lugar con doble línea verde. Y no olvides marcar cualquier cosa que te indique CUÁNDO ocurrió algo dibujando un reloj verde como este: 🕐

Ahora, ¿QUÉ ha sucedido desde que Lot y Abram se separaron? Vamos a averiguarlo haciendo las seis preguntas básicas.

Génesis 14:1-10 ¿QUÉ estaba sucediendo con estos reyes? ¿QUÉ estaban haciendo? Ellos estaban en g __ __ __ __ __ unos con otros (raregu) (Descifra la palabra y escríbela en los espacios en blanco).

Génesis 14:1 ¿QUÉ se llevan de Sodoma y Gomorra?

_____

Génesis 14:2 ¿QUÉ le ocurre a Lot?

_____

Génesis 14:13-16 ¿QUÉ hace Abram cuando se entera?

_____

_____

Génesis 14:17 ¿QUÉ ocurre cuando Abram regresa?

_____

Génesis 14:18 ¿QUIÉN le sale al encuentro?

_____

Génesis 14:18 ¿QUIÉN es Melquisedec? Eso es un nombre interesante ¿verdad? Se pronuncia así: Mel-qui-se-déc.

_____

Génesis 14:19 ¿QUÉ hace Melquisedec?

_____

Génesis 14:19 ¿CÓMO describe Melquisedec a Dios?

_____

_____

¡Increíble! ¿No te parece? El nombre de Dios es *El Elyon*, el Dios Altísimo. Este nombre significa que Dios es soberano. Él es el que está en control. Él es el dueño del cielo y la tierra. ¡Dios es el Gobernante de todo!

* Mira Génesis 14:20. ¿QUÉ más ha hecho el Dios Altísimo?

_____

¿QUÉ le dio Abram a Melquisedec?

_____

Génesis 14:21 ¿QUÉ quería darle el rey de Sodoma a Abram?

_____

Génesis 14:22-24 ¿Abram los tomó? ¿POR QUÉ sí o no?

_____

_____

¡Tan solo mira todo lo que hemos descubierto sobre nuestro explorador! Cuando Abram oye que su sobrino Lot ha sido tomado cautivo, él parte para rescatarlo. ¡Abram sale victorioso en su batalla contra los reyes!

¿Sabías que Dios usa los conflictos (situaciones difíciles) para desarrollar nuestro carácter y probar nuestra fe? Abram fue victorioso en su batalla, pero ¿CÓMO manejaría su victoria?

¿Tomaría para sí la gloria de la victoria o entregaría la gloria a quien le pertenecía, Dios?

¿QUÉ significa darle la gloria a Dios? ¿Alguna vez has visto en un partido de fútbol cuando alguien mete el gol ganador? ¿Tomó el crédito el futbolista por haber ganado el partido o lo compartió con todo su equipo? ¿QUIÉN debería tener el crédito: el que hizo el gol o los otros miembros del equipo que asistieron al que pateó para hacer el gol?

Entonces ¿QUIÉN debería recibir el crédito por la batalla de Abram contra los reyes: Abram o Dios? ¿Quién es el Gobernante sobre todo quien ocasionó que esto sucediera?

---

¿QUÉ hizo Abram cuando el rey de Sodoma trató de darle los bienes? Él se rehusó a tomarlos. ¿No es eso asombroso? ¿Hubieras rechazado aquellas riquezas para poder honrar a Dios?

Abram se rehusó porque no quería que el rey pudiera decir que él enriqueció a Abram. Abram dio la gloria a Dios. Él reconoció no solamente que Dios le había dado la victoria en la batalla contra los reyes, sino que Él también le dio todo lo que él tenía. Abram conocía a Dios como el Dios Altísimo, el Dueño de los cielos y la tierra. Solo mira cuánto ha crecido nuestro valiente explorador en su relación con Dios.

- ¿Reconoces que Dios es el Dador de todo lo que tienes?
  ____ Sí ____ No

- ¿Reconoces que Dios es El que está en control de todas tus circunstancias, incluso cuando se presentan dificultades y conflictos? ____ Sí ____No

- ¿Le das a Dios toda la gloria por las cosas que tienes y por todos tus logros? ¿O tomas el crédito para ti mismo y dices: "Miren lo que puedo hacer"? Escribe lo que haces.

_____

Por qué no te tomas unos minutos y simplemente alabas a Dios por QUIEN Él es y por todo lo que has aprendido sobre Él. Escribe una oración breve de alabanza en las siguientes líneas para que puedas crecer en tu viaje de fe al aprender cómo caminar con Dios.

_____

_____

_____

_____

Ahora recita tu verso en voz alta a tus padres o a un adulto. ¡Fantástico! ¡Te estás convirtiendo en un gran explorador!

# 2

## UN PACTO DE SANGRE

## GÉNESIS 15

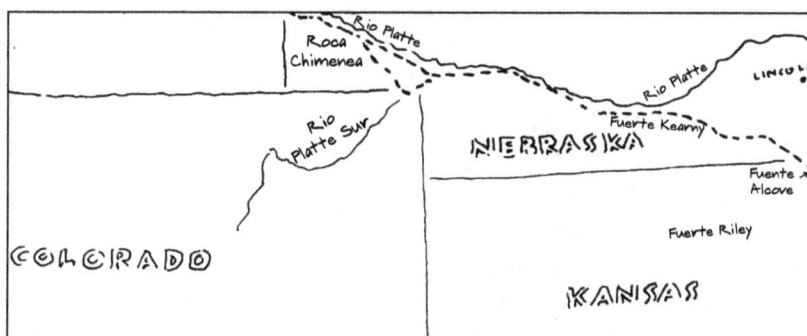

"¡Vaya, solo miren todos esos campos!" exclamó Silvia mientras la camioneta se dirigía por la carretera. "Jamás había visto tanto campo en toda mi vida".

"Yo tampoco", respondió Max. "No hay duda de por qué los pioneros hablaban de salir hacia una tierra salvaje. No hay mucho por aquí incluso hoy. ¿Cuánto falta para que lleguemos a Nebraska, papá?"

"Estamos cerca, Max. Estamos por cruzar la frontera. Luego iremos al noroeste siguiendo el Río Little Blue para encontrarnos con el río Platte".

"Aquí vamos, Max. Ahí está la frontera estatal. ¡Estamos en Nebraska!" vitoreó Silvia.

"Genial. Estoy listo para acampar", dijo Max.

El papá de Max respondió: "Espera un momento, amiguito. Todavía tenemos que manejar un rato antes de llegar al parque del

Fuerte Kearny. ¿Sabías que los pioneros solo recorrían alrededor de 24 kilómetros por día? Para cuando lleguemos a Kearney desde Independencia, habremos recorrido alrededor de 634 kilómetros".

"¡Vaya! ¿Recorreremos solo 24 kilómetros por día cuando estemos en los vagones, tío Lucas?" preguntó Silvia.

"Sí", respondió el papá de Max, "pero eso está todavía a unos días. Hoy acamparemos cerca del Fuerte Kearney y pasaremos un par de días pescando, nadando, paseando en bote y revisando todos los lugares históricos".

"¡No puedo esperar!" dijeron Silvia y Max, mientras Chispa acordaba con ladridos.

## ACAMPANDO CON DIOS

Al dirigirnos hacia el Fuerte Kearney y mientras Chispa disfruta su aventura de sacar su cabeza por la ventana de la camioneta, necesitamos regresar a nuestra aventura con el valiente explorador de Dios. Averigüemos qué está sucediendo con Abram desde su victoriosa batalla contra los reyes.

Saca el mapa de Dios con Max y Silvia y ve a la página 165. ¡Pero no te olvides de consultar con tu Jefe de Caravana antes de empezar!

Ahora lee Génesis 15 y marca las siguientes palabras clave:

Abram (coloréalo de azul)

Pacto (dibuja un cuadro amarillo y coloréalo de rojo)

Tierra (subráyala con doble línea verde y coloréala de azul)

No olvides marcar cualquier cosa que te indique <u>DÓNDE</u> ocurre algo subrayando el lugar con doble línea de color verde. Y no olvides marcar cualquier cosa que te indique CUÁNDO ocurrió algo dibujando un reloj verde como este: 🕐

¡Tu mapa se ve genial! Ahora obtengamos los hechos.

Génesis 15:1 ¿CUÁNDO vino el Señor en una visión a Abram?

Después de _____ _____

Esto significa que Dios viene a Abram algún tiempo después de su batalla contra los cuatro reyes y se revela a Abram.

Génesis 15:1 ¿QUÉ le dice Dios a Abram?

_____

Génesis 15:1 ¿CÓMO se revela Dios a Abram?

"Yo soy un _____ para ti; tu

_____ será muy _____".

¿No es eso asombroso? Dios muestra a Abram que no debe temer porque Él es su protector, su escudo. ¿Recuerdas cuando Abram rechazó los bienes del rey de Sodoma para poder honrar a Dios? Ahora vemos a Dios diciéndole a Abram que su recompensa será muy grande. Dios siempre nos bendice cuando Lo ponemos primero a Él. No siempre lo vemos enseguida, tampoco Abram. Pero Él lo hará, solo espera y mira.

Génesis 15:2-3 ¿CUÁL es la respuesta de Abram?

"Oh Señor DIOS, ¿qué _____ _____ , puesto

que yo estoy sin _____ , y el _____ de mi

casa es Eliezer de Damasco?"

Génesis 15:4 ¿QUÉ le dice Dios a Abram sobre su heredero? Un heredero es la persona que hereda (recibe) las posesiones de una persona cuando ésta muere.

_____

_____

Génesis 15:5 ¿QUÉ promete Dios a Abram cuando lo lleva afuera para ver las estrellas?

_____

_____

Génesis 15:6 ¿CUÁL fue la respuesta de Abram?

_____

_____

¡Vaya! Vemos en el verso 5 que Dios promete a Abram una descendencia y Abram le cree a Dios y esto lo hizo justo. Ser justo significa ser declarado justo ante Dios.

Descubramos qué creyó Abram sobre la descendencia que lo hizo justo con Dios. Busca y lee Gálatas 3:16.

¿A QUIÉN fueron dadas las promesas?

_____ y su _____

¿Se refiere esto a muchas descendencias o solo a una?

_____

¿QUIÉN es esta descendencia? C __ __ __ __ __

¡Asombroso! ¿Ves lo que Abram creyó en Génesis 15:6? Abram creyó que Dios le daría una descendencia y que esa simiente sería Cristo. ¿CÓMO lo sabemos? Busca y lee Juan 8:56.

¿QUIÉN estaba hablando?_____

(Si no estás seguro, regresa a Juan 8:54 para ver quién estaba hablando).

Juan 8:56 ¿De QUÉ día se regocijó Abraham al ver?

____ día

¿A QUIÉN se refiere el pronombre "mi"? ¿QUIÉN vimos que estaba hablando?

_____

¿No es esto asombroso? ¡Jesús nos dice en Juan 8:56 que Abraham se regocijó al ver Su (Jesús) día! ¡Abraham se alegró! Él entendió que Dios estaba prometiendo a Cristo cuando Dios le prometió una simiente. Génesis 15:6 nos muestra la salvación de Abram. Abram tuvo fe. Él fue hecho justo ante Dios porque él confió en la promesa de la simiente de Dios (Cristo).

Ahora vuelve a Génesis 15 en la página 165.

Génesis 15:7 ¿QUÉ le prometió Dios a Abram?

_____

Génesis 15:8 ¿CUÁL fue la pregunta de Abram para Dios?

_____

Génesis 15:9 ¿QUÉ le dijo Dios a Abram que hiciera?

"Tráeme una _____ de _____

años, una _____ de _____

años, un _____ de _____

años, una _____ y un

_____ ".

Génesis 15:10 ¿QUÉ hizo Abram?

_____

_____

Génesis 15:12 ¿QUÉ ocurrió a la puesta del sol?

_____

Génesis 15:13-16 ¿QUÉ le dijo Dios a Abram que ciertamente pasaría en el futuro? ¿CUÁL fue la profecía de Dios?

Génesis 15:13 "Ten por cierto que tus _____

serán _____ en una tierra que no es suya,

donde serán _____ y

_____ durante _____ años".

Génesis 15:14 "Pero Yo también _____ a la

_____ a la cual servirán, y después saldrán

de allí con grandes _____ ".

Génesis 15:15 "Tú irás a tus _____ en

_____, y serás _____ en buena vejez".

Génesis 15:16 "En la _____ generación ellos

_____ acá, porque hasta entonces no

habrá llegado a su colmo la iniquidad de los amorreos."

Génesis 15:17 ¿QUÉ sucedió cuando el sol se había puesto?

"Apareció un _____ _____

y una _____ de _____ que

_____ por entre las _____ de los animales".

¿Quién es este horno humeante y esta antorcha de fuego que pasaron entre las mitades? Sabemos que no fue Abram porque él cayó en un profundo sueño.

Mira Génesis 15:18. ¿QUIÉN hizo pacto con Abram?

Entonces si Abram se durmió, ¿QUIÉN aparece como un horno

humeante y una antorcha de fuego? _____

Génesis 15:18 ¿QUÉ dos cosas le prometió Dios a Abram en este pacto?

D__ __ __ __ __ __ __ __ __ __ a y una t__ __ __ __ a

Génesis 15:18 ¿CUÁLES eran los límites de esta tierra?

Desde el _____ de _____ hasta el

_____ grande, el _____ _____

¡Buen trabajo! Has descubierto algo muy, muy importante, el pacto. ¿POR QUÉ es importante el pacto? Porque todo lo que Dios hace se basa en un pacto. ¿Sabes qué es un pacto? Es un poco sangriento, ¡pero es asombroso! Lo descubriremos mañana.

Ahora que hemos llegado al Fuerte Kearny y hemos establecido nuestro campamento, vamos a sentarnos afuera con Max, Silvia y Chispa para asar unos malvaviscos para comerlos con galletas y chocolate. Echa un vistazo al cielo de la noche. ¿Alguna vez habías visto tantas hermosas estrellas?

Al mirar las estrellas, descubramos tu verso para memorizar de la semana. Mira la figura de la siguiente página. Cada estrella en la figura tiene una palabra de tu verso que está en desorden. Ordena las letras dentro de cada estrella para descubrir cuál es la palabra. Luego coloca la palabra en los espacios en blanco debajo de la figura. Después que hayas descifrado tu verso, mira Génesis 15 para descubrir la cita de este verso.

Luego practica diciendo tu verso en voz alta tres veces seguidas. Pero ten cuidado, pues cuando practiques tu verso en voz alta, ¡Chispa aprovechará el momento para saltarte encima y robarte tu postre! ¡Tú sabes cómo le encanta comer!

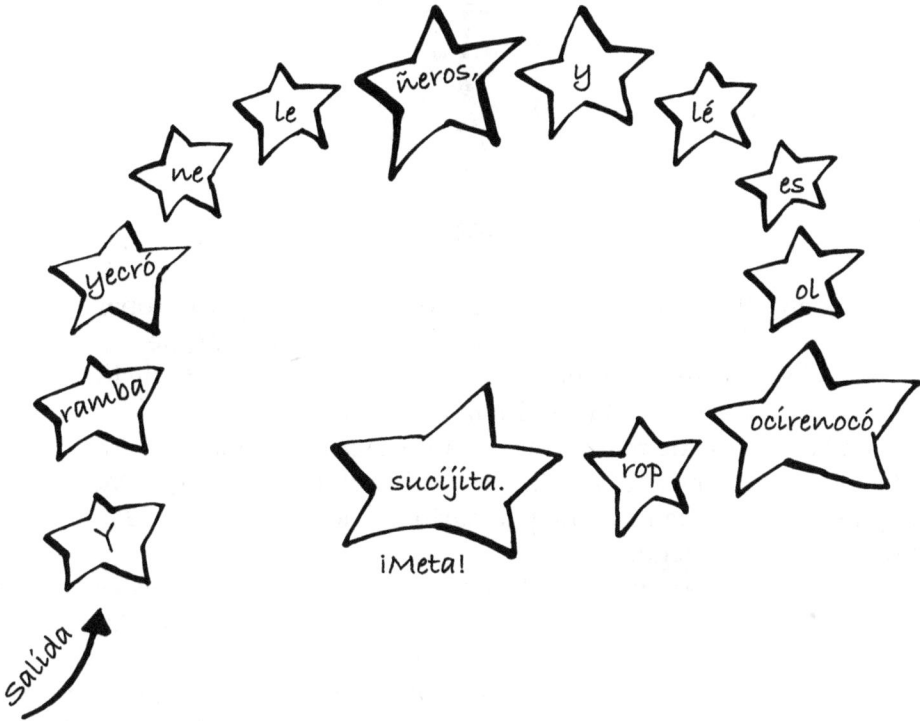

ñeros,

le        y

ne            lé

yecró              es

ramba                ol

Y          sucíjita.        rop        ocírenocó

Salida        ¡Meta!

\_\_ _____ _____ \_\_\_\_\_

\_\_ _____, \_\_ \_\_ \_\_ \_\_

_____ \_\_\_\_ _____.

Génesis 15:\_\_\_

## pacto

¡Buenos días! ¿Descansaste anoche? ¿Estás listo para probar un desayuno de yaniqueques como el de los pioneros? Qué bueno. Comencemos entonces. Echa un vistazo a la receta de los pioneros. Necesitarás 2 tazas (16 oz.) de leche, 6 tazas (48 oz.) de harina de maíz o maicena y 1 taza de harina (8 oz.). ¿Por qué no escaldas la leche sobre el fuego para que Max pueda batirla con la maicena y la harina? Luego Silvia puede hornearla en el fuego.[1]

Entonces ¿qué te pareció? Es bastante distinto a lo que estás acostumbrado, ¿verdad? ¡Qué bueno que la mamá de Max y la tía Katy también hicieron huevos y tocino!

Ahora que hemos comido, regresemos a nuestra aventura con Abram y descubramos qué es un pacto. ¿Sabías que el Antiguo Testamento donde se halla el libro de Génesis fue escrito en hebreo? La palabra hebrea para *pacto* es *berit*.

Un pacto es un acuerdo solemne y vinculante hecho al pasar por en medio de pedazos de carne. Es un tratado, una alianza, una promesa o un acuerdo. Un pacto es una promesa de por vida que jamás puede ser rota.

La primera vez que Dios usa la palabra *pacto* en la Biblia se encuentra en Génesis 6 con Noé. En Génesis 6 vemos que Dios hace un pacto con Noé, prometiendo mantener seguros a Noé y su familia durante el diluvio.

En Génesis 9 vemos a Dios estableciendo un pacto con Noé y todo ser viviente, prometiendo nunca más enviar un diluvio para destruir toda la tierra. Dios le dio una señal a Noé para acordarse de Su promesa. ¿Recuerdas la señal del pacto que Dios le dio a Noé y a todo ser viviente? Tienes razón, era el arco en las nubes, un arcoíris.

---

1　　Kristina Gregory, *Querida América a Través de la Ancha y Solitaria Pradera* (New York: Scholastic Inc., 1997) p. 159

Dibujemos la señal del primer pacto de Dios en el siguiente cuadro.

**Señal del primer pacto de Dios**

Ahora en Génesis 15 vemos a Dios cortando un pacto con Abram, diciéndole que trajera una novilla de tres años, una cabra de tres años, un carnero de tres años, una tórtola y un pichón.

Abram corta los animales en mitades, pero no corta las aves. Luego él cae en un profundo sueño y Dios le dice lo que sucederá en el futuro. Después vemos a un horno humeante y una antorcha de fuego pasar por en medio de aquellos pedazos de carne. ¿Recuerdas QUIÉN se aparece en forma de un horno humeante y una antorcha de fuego? Mira QUIÉN pasa entre las mitades. ¿Fue Abram o Dios?

_____

Entonces ¿QUIÉN hizo el pacto? _____

Dios estaba cortando un pacto con Abram. Él pasa por medio de estos pedazos de carne, haciendo un acuerdo solemne y vinculante con Abram. ¿CUÁL era Su promesa para Abram?

D__ __ __ __ __ __ __ __ __ __ a y una t__ __ __ __a

Este pacto es llamado el pacto Abrahámico. Dios hizo este pacto. Está basado en Su Palabra y en Su carácter. Todo lo que Abram hizo fue creer. ¿POR QUÉ no dibujas una figura a continuación de Dios cortando este pacto con Abram para ayudarte a recordarlo? Muestra a Abram dormido en la tierra mientras un horno humeante y una antorcha de fuego pasa por en medio de las mitades de carne. Dios estaba prometiendo a Abram descendencia y una tierra para siempre.

**Pacto Abrahámico**

Ahora que sabemos qué es un pacto, examinemos la profecía que Dios le da a Abram acerca de sus descendientes. ¿CUÁL fue la profecía de Dios en Génesis 15:12-14? Escribe lo que Dios dijo que pasaría en Génesis 15:12-14 en el lado izquierdo del cuadro en la siguiente página.

| Profecía de Dios | El Cumplimiento de la Profecía |
|---|---|
| Génesis 15:13—"Ten por cierto que tus _____ serán _____ en una tierra que no es suya". | Éxodo 1:7—Pero los israelitas tuvieron muchos _____ y aumentaron mucho, y se _____ y llegaron a ser poderosos (numerosos) en gran manera, y el país se llenó de ellos. |
| | Éxodo 1:8—Ellos estaban en E __ __ __ __ o. ¿Era esta la tierra que Dios les prometió? _____ |
| Génesis 15:13—"[Ellos] serán _____ y _____ durante _____ años. | Éxodo 1:11—Así que pusieron sobre ellos capataces para _____ con duros trabajos. |
| | Éxodo 2:23—Los israelitas gemían a causa de la _____, y _____. |
| | Éxodo 2:24—Dios _____ su gemido y se _____ de su _____ con Abraham, Isaac y Jacob. |
| | Éxodo 12:40-41—El tiempo que los israelitas vivieron en Egipto fue de _____ años. (*Ellos fueron esclavos solo por 400 años porque los primeros 30 años José estaba vivo y ellos no eran esclavos durante sus años). |
| Génesis 15:14—"Pero Yo también _____ a la _____ a la cual servirán, y después saldrán de allí con grandes _____. | Éxodo 12:35—Los israelitas pidieron a los egipcios objetos de _____, objetos de _____ y _____. |
| | Éxodo 12:36—Y el Señor hizo que el pueblo se ganara el _____ de los _____ ...Así _____ a los egipcios. |

Ahora ¿se cumplió esta profecía? Vamos a averiguarlo haciendo algunas referencias cruzadas.

Busca y lee Éxodo 1:1-14 y completa el lado derecho del cuadro que corresponde a estos versos.

Ahora busca y lee Éxodo 2:22-25 y completa el lado derecho del cuadro que corresponde a estos versos.

Para completar tu cuadro, busca y lee Éxodo 12:33-41 y completa los espacios en blanco que corresponden a estos versos.

Ahora que hemos revisado otros pasajes en la Biblia, ¿se cumplió la profecía que Dios le dio a Abram? ¡Claro que sí! Hemos visto cómo los descendientes de Abram fueron esclavizados y oprimidos y cómo Dios los sacó con muchas posesiones. ¡QUÉ asombroso Dios! Él es fiel a Su pacto. ¡Él siempre cumple Sus promesas!

¡Ahora toma tu caña de pescar y haz una carrera con Max y Silvia hacia el lago para atrapar tu almuerzo al sentarte en la orilla para pescar y practicar tu verso de memoria!

## EL PACTO DE DIOS DE LA LEY

¡Vaya! Ese pez que atrapaste ayer fue bastante grande. ¡Fue un gran almuerzo! Sube a la camioneta al dirigirnos al Fuerte Kearney. El Fuerte Kearney fue construido en 1848 para proteger a los pioneros que viajaron por la Ruta de Oregón. Fue uno de los seis principales fuertes que ellos pasarían en su camino al oeste, pero este fue el único construido específicamente para su seguridad.

"¡Hemos llegado!" gritó Max al abrir la puerta y bajar de la camioneta.

"¿Podemos entrar al antiguo fuerte primero?"

"Claro", respondió su mamá, "pero asegúrense de quedarse en el camino. Hay mucha vida silvestre por aquí y necesitamos ser cuidadosos".

Cuando Max, Silvia y Chispa se dirigían al fuerte, de repente, Chispa salió disparado, corriendo y ladrando salvajemente. "Oh, no", exclamó la mamá de Max. "Creo que Chispa ha descubierto algo. ¡Será mejor que lo atrapes, Max!"

"Lo haré, mamá. Chispa, regresa, muchacho. ¡No persigas a ese conejo! ¡Chispaaaaaa!"

"¡Uf! Qué alivio. Esa fue toda una persecución", dijo Max con un suspiro al cargar a Chispa de regreso con el resto de la familia. "Casi matas del susto a ese pobre conejo. ¡Perro malo! Ahora te quedarás con la correa puesta mientras revisamos el fuerte y la tienda de herrería".

"Oigan", exclamó Silvia, "miren esto. Este panfleto dice que podemos probarnos algunas de las antiguas prendas de los pioneros en el Centro de Visitas. Luego podemos pararnos junto a los vagones para que nos tomen una foto. ¿Podemos hacer eso, mamá?"

"Seguro", respondió la mamá de Silvia. "Hagamos eso todos juntos después de revisar el fuerte y los antiguos edificios. Podemos tomarnos una foto familiar de nuestra gran aventura. Quizás hasta le pondremos un sombrero a Chispa. ¡Apuesto que le encantaría eso!" Todos se rieron mientras se dirigían hacia el antiguo fuerte.

Ahora que Chispa tiene puesta su correa, regresemos a nuestra aventura con Abram. Ayer examinamos de cerca el pacto de Dios con Abram. Hoy necesitamos sacar el mapa de Dios para descubrir cuál fue el siguiente pacto que Dios hizo.

¿Recuerdas qué entregó Dios a Moisés en el Monte Sinaí? Si no lo recuerdas, busca Éxodo 20 para descubrirlo. Escríbelo a continuación.

Los D __ __ z M __ __ __ __ __ __ __ __ __ __ s

Ahora busca y lee Éxodo 24. Este pacto es llamado el Pacto Mosaico o la Ley. Además es llamado el Antiguo Pacto y es entregado después que Moisés y los hijos de Israel fueron rescatados de la tierra de Egipto y en ese momento se encontraban en el Monte Sinaí.

Viendo Éxodo 24, haz las seis preguntas básicas para resolver el crucigrama en la siguiente página.

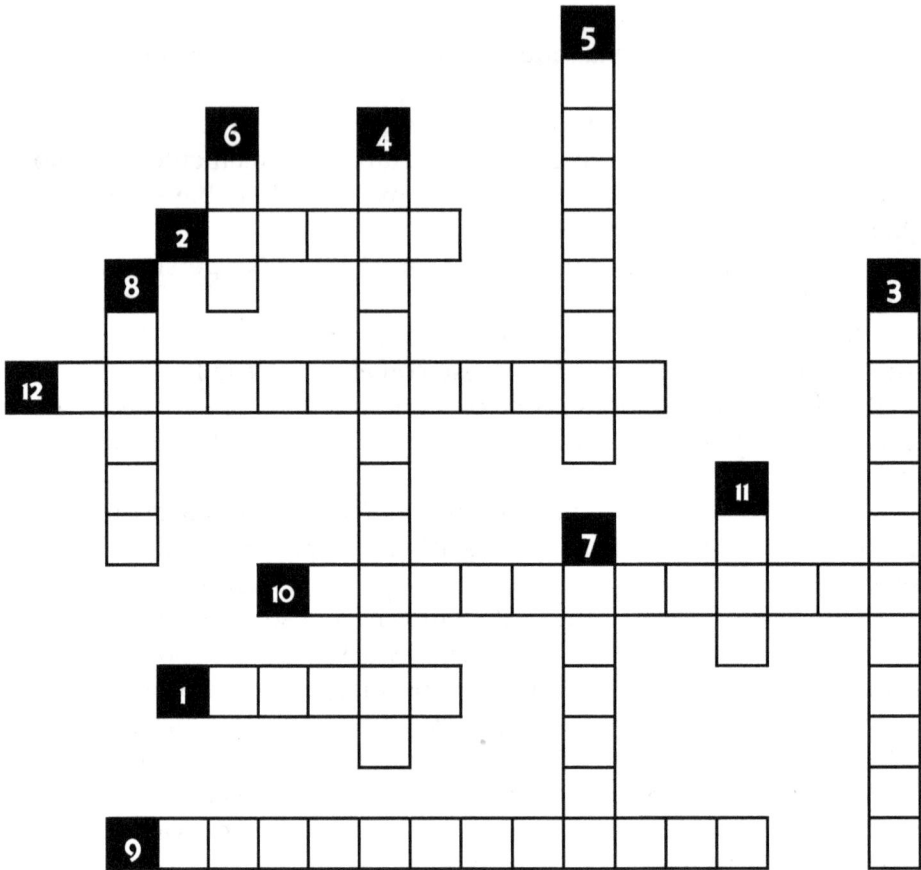

Éxodo 24:4 ¿QUÉ hizo Moisés?

1.  (Horizontal) Él escribió todas las palabras del _____ .

2.  (Horizontal) Él edificó un _____ al pie del monte con 12 columnas por las 12 tribus de Israel.

Éxodo 24:5 ¿QUÉ envió a hacer a los jóvenes?

3.  (Vertical) Ofrecer _____ .

4.  (Vertical) Ellos _____

5.  (Vertical) _____ como   6.  (Vertical) ofrendas de _____ al Señor.

Éxodo 24:6 ¿QUÉ puso Moisés en las vasijas y roció sobre el altar?

7.  (Vertical) La _____

Éxodo 24:7 ¿QUÉ leyó Moisés a oídos del pueblo?

8.  (Vertical) El Libro del _____

Éxodo 24:7 ¿CÓMO respondió el pueblo?

9.  (Horizontal) "Todo lo que el Señor ha dicho haremos y _____"

Éxodo 24:12 ¿QUÉ le dijo Dios a Moisés que Él le entregaría?

10. (Horizontal) Las _____ de _____ (escribe estas dos palabras juntas) con la    11. (Vertical) _____ y los 12. (Horizontal) _____ que he escrito para instrucción de ellos.

    ¡Bien hecho! Ahora dibuja una ilustración de este pacto de la ley, el antiguo pacto, a continuación. Muestra a Moisés con las tablas de piedra en el Monte Sinaí.

**Antiguo Pacto (La Ley)**

¡Excelente dibujo! Regresemos a nuestro campamento para hacer la cena. Mañana descubriremos más sobre los pactos de nuestro fiel Dios.

## UN NUEVO PACTO

"Despierta, Max", dijo su mamá al amanecer.

"Oh, ¿tengo que levantarme, mamá?" preguntó Max al abrir sus ojos. "El sol recién está saliendo".

"Sí, debes levantarte. Tu papá y el tío Guillermo quieren tener un desayuno durante el amanecer. Luego debemos levantar el campamento e ir al Museo del Monumento del Arco para examinar el viaje de los pioneros".

"Está bien, mamá, ya voy. Chispa y yo extrañaremos seguramente el Fuerte Kearney, pero estamos listos para nuestro siguiente aventura".

¿Qué hay de ti? ¿Estás listo para regresar a la ruta y descubrir el nuevo pacto de Dios? Pasa algo de tiempo con tu Jefe de Caravana y luego partamos. Saca el mapa de Dios y ve a Éxodo 24. Empecemos leyendo Éxodo 24 y escribiendo lo que aprendimos sobre el antiguo pacto en el lado izquierdo del cuadro en la siguiente página.

| Antiguo Pacto (la Ley) | Nuevo Pacto |
|---|---|
| | |
| **Antiguo Pacto (la Ley)** | **Nuevo Pacto** |
| Éxodo 24:12—El antiguo pacto fue escrito en t __ __ __ __ s de p __ __ __ __ a (dibuja una figura de esto en la parte de arriba de este cuadro). | Jeremías 31:33—"Pondré Mi _____ _____ de ellos, y sobre sus _____ la escribiré". |
| Éxodo 24:12—"…las tablas de _____ con la _____ y los mandamientos que he escrito para _____ de ellos". | Jeremías 31:34—"Pues _____ su _____, y no recordaré más su _____". |
| El antiguo pacto nos muestra nuestro __ __ __ __ __ __ (docepa) (ordena esta palabra y escríbela en los espacios en blanco). | El nuevo pacto perdona nuestro __ __ __ __ __ __ (docepa). |

Ahora lee Jeremías 31:31-34 impreso debajo y marca las siguientes palabras clave:

Pacto (dibuja un cuadro amarillo alrededor y coloréalo de rojo)

Ley   (dibuja tablas negras)

Corazón (dibuja un corazón rojo)

**Jeremías 31:31-34:**

31 "Vienen días," declara el SEÑOR "en que haré con la casa de Israel y con la casa de Judá un nuevo pacto, 32 no como el pacto que hice con sus padres el día que los tomé de la mano para sacarlos de la tierra de Egipto, Mi pacto que ellos rompieron, aunque fui un esposo para ellos," declara el SEÑOR. 33 "Porque éste es el pacto que haré con la casa de Israel después de aquellos días," declara el SEÑOR. "Pondré Mi ley dentro de ellos, y sobre sus corazones la escribiré. Entonces Yo seré su Dios y ellos serán Mi pueblo. 34 No tendrán que enseñar más cada uno a su prójimo y cada cual a su hermano, diciéndole: 'Conoce al SEÑOR,' porque todos Me conocerán, desde el más pequeño de ellos hasta el más grande," declara el SEÑOR, "pues perdonaré su maldad, y no recordaré más su pecado."

Antes de que Dios disciplinara a Su pueblo y los sacara de la tierra por quebrantar el antiguo pacto, Él les da una promesa de

un nuevo pacto. Revisemos este pacto y veamos qué aprendemos. Vuelve al pasaje en Jeremías que acabaste de marcar en la página 56 para responder las seis preguntas básicas a continuación.

Jeremías 31:31 ¿QUÉ haría Dios?

Hacer un _____ _____ con la casa de Israel y la casa de Judá.

Jeremías 31:32 ¿Es este el mismo pacto que el antiguo pacto, el pacto de la ley? \_\_\_\_ Sí \_\_\_\_ No

Jeremías 31:33 ¿QUÉ hará Dios con este nuevo pacto, escribirlo en tablas de piedra? \_\_\_\_ Sí \_\_\_\_ No

Ahora que hemos descubierto este nuevo pacto, comparémoslo con el antiguo pacto completando el lado derecho de nuestro cuadro en la página 55.

¿Notaste CÓMO Dios nos dio la ley, el antiguo pacto, para instrucción? La ley fue dada para mostrarnos qué es el pecado. ¿Cómo podemos saber que somos pecadores si no tenemos un estándar con el cual compararnos?

La ley era como un profesor para enseñarnos lo correcto y lo malo, para decirnos qué podíamos hacer y qué no podíamos hacer. Era nuestro estándar para mostrarnos nuestro pecado. Pero ¿QUÉ vimos sobre el nuevo pacto? ¿QUÉ haría Dios con nuestros pecados? P \_\_ \_\_ \_\_ \_\_ \_\_ \_\_ nuestros pecados.

¿No es eso asombroso? ¿Pero CÓMO? Lo descubriremos mañana al continuar examinando el nuevo pacto y el misterio del velo roto para descubrir cómo este pacto puede quitar nuestros pecados.

Ahora vuelve a subir a la camioneta. Es hora de continuar nuestro viaje al dejar atrás el Fuerte Kearney y dirigirnos a Bayard, Nebraska. ¡No olvides practicar tu verso para memorizar!

## El misterio del velo roto

Mientras la camioneta estaba en marcha, Silvia dijo: "Me gustó ese museo. ¡Esos audífonos eran geniales!"

"Mi parte favorita fue cuando la manada de búfalos vino corriendo hacia nosotros. Eso fue realmente increíble", declaró Max. "¡La cecina de búfalo estuvo muy buena, también!"

"Me alegra mucho no haber vivido en ese entonces", dijo Silvia. "Imagina tener que recolectar estiércol de búfalo cuando había poca leña para poder cocinar y calentarse. ¡Eso es muy asqueroso!"

"Me gustó cuando dijeron que los niños se tiraban estiércol seco de búfalo. ¡Ese es un juego muy divertido!"

"¡Qué asco!" respondió Silvia. "¿Adónde vamos ahora, mamá?"

"Nuestra siguiente gran parada será probablemente en Windlass Hill y Ash Hollow", respondió la mamá de Silvia. "¿Así que por qué no sacan el mapa de Dios para descubrir sobre el nuevo pacto y el misterio del velo roto?"

¿Qué hay de ti? ¿Estás listo para descubrir sobre el nuevo pacto de Dios y descifrar un misterio? Entonces conversa un momento con Dios. Saca el mapa de Dios y busca y lee Mateo 26:26-29.

Ahora descubre el misterio.

Mateo 26:27-28 ¿QUÉ dijo Jesús cuando dio las gracias y les dio la copa para beber?

"Beban todos de ella; porque esto es Mi _____ del

_____ _____ , que es derramada por muchos para

el _____ de los _____".

¿Recuerdas cuál pacto era para el perdón de pecados? Escríbelo: El _____ pacto.

Busquemos y leamos Mateo 27:26-54.

Mateo 27:26 ¿QUÉ le hicieron a Jesús?

_____

Mateo 27:43 ¿QUIÉN afirmó ser Jesús?

_____

Mateo 27:50 ¿QUÉ ocurrió?

_____

Mateo 27:51 ¿QUÉ ocurrió con el velo en el templo cuando Jesús murió?

_____

¡Asombroso! ¿Sabías que el velo del templo era tan grueso que hubiera requerido dos equipos de caballos tirando en direcciones opuestas para ser capaces de rasgar este velo en dos?

Vamos a descubrir más sobre el misterio de este velo. Ve a Hebreos 10 y lee los versos 9-22.

Hebreos 10:9 Jesús está hablando aquí. ¿QUÉ vino Él a hacer?

_____

Hebreos 10:9 ¿QUÉ fue quitado? Lo p__ __ __ __ __ o

¿Sabes de qué se trata esto que era "primero"? ¿Será el antiguo pacto? Cuando éste fue quitado, ¿qué fue establecido?

El s __ __ __ __ __ o

¿QUÉ crees que es esto?

_____

Hebreos 10:10 ¿CÓMO hemos sido santificados? Santificar significa "ser hecho limpio, ser apartado o consagrado". ¿CÓMO somos hechos limpios, perdonados de nuestros pecados?

Mediante la ofrenda del _____ de _____

_____  _____  _____ para _____

¿CÓMO fue ofrecido el cuerpo de Jesús como sacrificio? ¿QUÉ vimos en Mateo 27:35? ¿QUÉ hicieron ellos con Jesús?

Ellos Lo c __ __ __ __ __ __ __ __ __ __ n.

Mira Hebreos 10:16-17. Estos son los mismos versos que leímos sobre el nuevo pacto en Jeremías 31 ayer. ¿Recuerdas cómo el nuevo pacto quitaría nuestros pecados? ¿CÓMO acabamos de ver en Hebreos 10:10 que somos hechos limpios y perdonados de nuestros pecados?

_____

Veamos Hebreos 10:19. ¿CÓMO llegamos a tener confianza para entrar al lugar santísimo?

_____

Hebreos 10:20 ¿CUÁL es el camino nuevo y vivo (el nuevo pacto) que Jesús inauguró para nosotros?

Por medio del _____

¿Y CUÁL es el misterio del velo? ¿QUÉ representa el velo?

La _____ de Jesús

Ahora echemos un vistazo al interior del tabernáculo, haciendo nuestro propio tabernáculo. Consigue una caja de zapatos y corta una puerta en el centro de un extremo para que tengas una abertura. Dibuja una figura del altar de bronce en la caja de zapatos al entrar por la "puerta". Luego haz un dibujo de la pila de bronce.

Necesitarás un pañuelo para colgarlo como cortina. Puedes colorear de café este pañuelo con marcadores de colores. Después de colorearlo, cuélgalo de un lado de la caja de zapatos al otro y grápalo. Al interior de la cortina necesitas dibujar una lámpara en el lado izquierdo y una mesa de panes a la derecha y en el centro necesitas dibujar el altar de incienso (mira la página 62).

Ahora consigue otro pañuelo y coloréalo de azul, rojo y púrpura para representar el velo en el tabernáculo y luego cuélgalo justo detrás del altar de incienso. Detrás del velo dibuja el propiciatorio sobre el arca del pacto y en frente de él escribe "Lugar Santísimo", así como en la ilustración.

Ahora examinemos más de cerca al tabernáculo.

El propiciatorio era una figura del trono de Dios y solo el sumo sacerdote podía entrar al lugar santísimo una vez al año para rociar sangre sobre el propiciatorio por el pecado. Pero ¿QUÉ nos dice Mateo 27:51 que ocurrió con el velo cuando Jesús, nuestro Sumo Sacerdote, murió en la cruz?

_____

¿QUÉ representaba este velo roto?

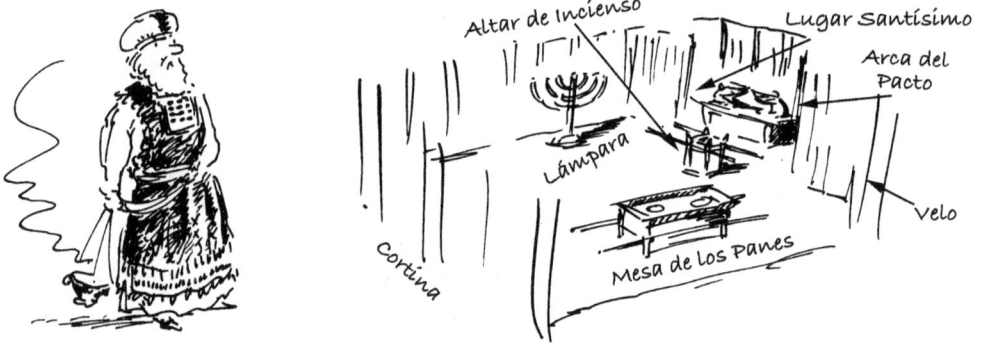

El velo roto muestra que la muerte de Jesús en la cruz pagó por todos nuestros pecados. Ahora cualquiera que cree en Jesús y es salvo puede venir directamente a Dios mismo, en lugar de hacerlo mediante el sacerdote. Esto es gracia, el inmerecido favor para cada hijo del nuevo pacto.

Busca y lee Juan 14:6.
        ¿QUÉ es Jesús?

_____

¿CUÁL es el único camino al Padre?

_____

La salvación es por la fe, mediante el nuevo pacto. No es por guardar la ley o por hacer buenas obras. La única manera que podemos ser perdonados de nuestros pecados es creer en Jesús y aceptarlo como nuestro Salvador. Ahora busca y lee Efesios 3:14-16.

Efesios 3:16 ¿CÓMO nos fortalece Dios con Su Poder?

Por Su _____ en el hombre _____

Dios pone Su Espíritu en nosotros. ¡No es eso asombroso!

La muerte de Jesús en la cruz, el nuevo pacto, es la única manera que podemos conseguir perdón de nuestros pecados y recibir el Espíritu Santo quien nos da poder sobre el pecado.

Dibuja una ilustración del nuevo pacto en el siguiente cuadro. ¿QUÉ deberías dibujar? ¿QUÉ hizo Jesús para pagar por nuestros pecados? Muestra a Jesús derramando Su sangre al ser crucificado en una cruz para pagar por nuestros pecados.

Ahora regresa a la página 55 y dibuja la cruz en el cuadro arriba del título de "Nuevo Pacto".

**Nuevo Pacto**

¿Qué hay de ti? ¿Has entrado al nuevo pacto con Dios? ¿Has recibido el regalo de Dios de la salvación? Hemos visto que la fe en Jesús es el único camino para ser salvo. Jamás podremos ser lo suficientemente buenos. No podemos ganarnos nuestra salvación. Es un regalo de Dios cuando creemos en Su Hijo, Jesucristo.

Si no has recibido el regalo de Dios de salvación, entonces todo lo que necesitas hacer es dirigirte a Dios y decirle que quieres ser salvo. Dile que eres un pecador (Romanos 3:23, "Por cuanto todos pecaron y no alcanzan la gloria de Dios"), pídele perdón por tus pecados y que quieres ser un seguidor de Jesucristo.

Puedes hacer una oración como esta:

> *Gracias, Dios, por amarme y enviar a Tu Hijo, Jesucristo, a morir por mis pecados. Perdóname por las cosas que he hecho mal. Me arrepiento, cambiando mi manera de pensar sobre mis pecados. El pecado está mal. Ya no quiero hacer las cosas a mi manera. Quiero recibir a Jesucristo como mi Salvador y ahora Te entrego toda mi vida. Amén.*

¡Dios te ha perdonado todos tus pecados y enviará Su Espíritu para que more en ti (Juan 14:23)! Puedes andar en los caminos de Dios porque tienes Su Espíritu en ti para ayudarte a hacer lo que Dios dice que es correcto.

> *De modo que si alguno está en Cristo, nueva criatura (nueva creación) es; las cosas viejas pasaron, ahora han sido hechas nuevas (2 Corintios 5:17).*

# 3

## EL NUEVO NOMBRE DE ABRAM

# GENÉSIS 16-18

"Muy bien, chicos, ¿están listos para detenerse?" preguntó la mamá de Max.

"Estamos listos", respondió Max. "Chispa está que se muere por salir".

"Necesitas asegurarte que Silvia, Chispa y tú permanezcan en el camino mientras estén aquí", dijo el papá de Max. "Este es un territorio de serpientes de cascabel y necesitas ser muy cuidadoso".

"De acuerdo, papá. ¿Esto es Windlass Hill?"

"Así es", respondió Katy, la tía de Max. "Y justo por allá se encuentra Ash Hollow, uno de los lugares favoritos de los pioneros, junto a la ruta donde podían encontrar sombra de árboles, leña y mucho pasto para su ganado y una de las mejores aguas para beber que hay".

"Pero antes que ellos pudieran llegar a Ash Hollow, ellos tenían que bajar por una de las más empinadas cuestas que hay: Windlass Hill. Era tan empinada y la caída tan aterradora, que algunos de los emigrantes se desviaban 27 kilómetros del camino solo para evitarla".

"¡Vaya!" exclamó Silvia. "¿Podemos escalar hasta la cima?"

"Sí, sí pueden", respondió su mamá. "Vayan, salgan hacia allá. Solo tengan cuidado y espérennos en la cima. Este es uno de los mejores lugares para ver los surcos de los vagones originales hechos por los pioneros".

"¡Increíble!" exclamó Max. "¡Vamos! ¡Ven, Chispa!"

## AYUDANDO A DIOS

"¡Vaya, solo mira!" clamó Silvia. "Mira todas esas colinas y valles. ¿Cómo pudieron manejar los pioneros esos vagones por un terreno tan empinado y duro? ¿Esos son los surcos de los vagones, mamá?"

"Sí, tan solo mira todos esos caminos a lo largo de la llanura. Ahora mira hacia acá. Mira justo abajo de ese barranco. Estamos parados justo sobre la colina empinada que te estaba contando donde muchos pioneros rompieron sus vagones y sus huesos".

"Cielos, es realmente asombroso cómo sobrevivieron un viaje tan largo y duro", dijo Max.

"Muchos de ellos no sobrevivieron, Max", respondió Lucy, la mamá de Max. "Con el terreno rugoso, el clima, las enfermedades y las mordidas de las serpientes de cascabel, hubieron muchas tumbas en el camino. Vamos hasta abajo y revisemos la casita de barro.

"Luego, necesitamos descubrir qué está sucediendo con nuestro valiente explorador desde que Dios hizo Su promesa de pacto con él".

Así que, valiente explorador, ¿estás listo para continuar nuestro viaje? Pasa un poco de tiempo con tu Jefe de Caravana, luego ve a la página 166 y lee Génesis 16. Marca las siguientes palabras clave:

Dios (dibuja un triángulo y coloréalo de amarillo)

Abram (coloréalo de azul)

Sarai (coloréalo de rosado)

Agar (coloréala de naranja)

No olvides marcar cualquier cosa que te indique <u>DÓNDE</u> ocurre algo subrayando el lugar con doble línea de color verde. Y no olvides marcar cualquier cosa que te indique cuándo ocurrió algo dibujando un reloj verde como este:

Ahora hagamos un repaso rápido. Leamos Génesis 12:1-3 en la página 159.

Génesis 12:3 ¿QUÉ le promete Dios a Abram?

"En ti serán benditas todas las _____ de la _____".

¿QUÉ debía suceder con Abram para que tuviera una familia propia?

_____

Regresa a Génesis 11:30 en la página 159.

¿QUÉ vemos sobre la esposa de Abram, Sarai?

_____

Lee Génesis 15:1-4 en la página 165. ¿CUÁL es la solución de Abram para este problema de no tener un hijo y un heredero?

Génesis 15:2 ¿QUIÉN dijo Abram a Dios que podía ser su heredero?

"El heredero de mi casa es _____ de _____".

Génesis 15:4 ¿CÓMO responde Dios a la sugerencia de Abram?

_____

Génesis 15:4 ¿Quién dice Dios que será heredero de Abram?

"Uno que saldrá de tus _____".

Ahora regresa a la página 166 a Génesis 16 y lee los versos 1-3.

Génesis 16:2 ¿CUÁL es la solución de Sarai?

_____

Ahora piensa por un minuto. ¿Necesita Dios la ayuda de Abram y Sarai para poder cumplir Su promesa de darles tantos descendientes que no podrían ser contados? ¡Claro que no!

- ¿Alguna vez has tratado de ayudar a Dios haciendo cosas a tu manera en lugar de esperar en Él? ____Sí ____ No
  Escribe lo que hiciste en las siguientes líneas.

_____

_____

_____

Ahora descubramos el verso para memorizar de esta semana al resolver el acertijo en la siguiente página. Este acertijo cambia las letras por imágenes. Cuando cambias las figuras por letras, obtendrás nuevas palabras.

Así que al resolver el acertijo, escríbelo en las líneas debajo de la figura. Luego encuentra la cita que corresponde a este verso. (Pista: la primera porción de este verso se ha omitido).

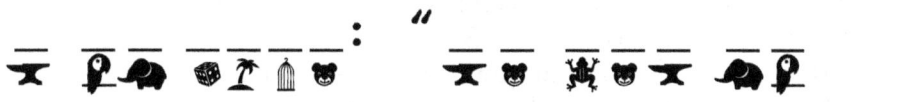

A C D E F I J L M N Ñ O P R S T Y

_____

_____ : " _____

_____'

_____'  _

_____.

_____

_____

_____

Génesis 17:____

¡Lo hiciste! ¡Ahora practica diciendo este verso en voz alta tres veces seguidas, tres veces este día! Mañana al continuar siguiendo a nuestro valiente explorador, ¡descubriremos lo que puede suceder cuando tratamos de ayudar a Dios y cuánto mejor es cuando simplemente esperamos en Él!

## EL ROI, EL DIOS QUE VE

"Ash Hollow estuvo genial", dijo Max mientras la camioneta continuaba andando por la carretera. "Me gustó ver la cueva subterránea".

La mamá de Max se rió mientras dijo: "Te encantan las cuevas, ¿no es cierto? Gracias al cielo que esta cueva fue adecuada para los visitantes, no como tu aventura en la cueva con el tío Jaime".

"¡Jamás olvidaré eso!" añadió Silvia. "Tenía tanto miedo cuando Max desapareció. ¡Menos mal que Dios sabía exactamente dónde estaba Max y guió al equipo de búsqueda hacia él!"

"Eso es verdad, cariño", respondió la mamá de Max. "Incluso en la situación difícil de Max, Dios estaba cuidándolo. ¿Por qué no sacamos el mapa de Dios y vamos a Génesis 16 para encontrar qué está sucediendo con la situación complicada de Abram?"

De acuerdo, valiente explorador, vamos a orar. Ahora regresa a Génesis 16 para encontrar qué sucede después que Sarai sale con su idea de cómo ella cree que Dios le dará un hijo. Ve a la página 166 y lee Génesis 16.

Génesis 16:3 ¿A QUIÉN dio Sarai a Abram para tomarla por mujer?

_____

Génesis 16:4-5 ¿QUÉ pasó luego de que Agar concibió el hijo de Abram? Ella d __ __ __ __ __ __ __ ó a Sarai.

Esta palabra *"despreció"* significa "restar importancia, ser tenido en poco o insignificante". Esto podría significar que una vez que Agar estaba embarazada, ella tuvo en poco a Sarai y pudo haberse burlado de ella o haberle sacado en cara que ella estaba embarazada y Sarai no.

¿Alguna vez has presumido cuando has tenido algo que alguien más no tenía?

_____

Génesis 16:6 ¿CÓMO trató Sarai a Agar?

_____

Génesis 16:6 ¿QUÉ hizo Agar?

_____

Génesis 16:7 ¿QUIÉN encuentra a Agar?

_____

Génesis 16:9 ¿QUÉ le dijo el ángel del Señor que hiciera ella?

"_____ a tu _____ y _____

a su _____".

Génesis 16:10 ¿QUÉ le dijo el ángel del Señor a ella que él haría?

_____

Génesis 16:11, 12 ¿QUÉ le dijo el ángel del Señor a ella sobre su hijo del cual estaba embarazada?

Darás a luz un _____.

Le llamarás _____.

Él será hombre indómito como _____ _____.

Su _____ será contra _____,

y la _____ de todos contra él.

Y habitará _____ de todos sus _____.

Génesis 16:13 ¿CÓMO llama Agar el nombre del Señor?

"Tú eres un _____ que _____".

   ¿Sabías que el nombre hebreo para Dios en este pasaje es El Roí? Esto quiere decir "el Dios que ve". Dios vio lo que le ocurrió a Agar. Él sabía sobre la aflicción, dolor y angustia de ella. Dios la vio huir y Él envió a un ángel para dejarle saber que Él tenía cuidado de ella. Dios nos ama. Él conoce todas nuestras circunstancias. No podemos huir y ocultarnos de Él.

   Génesis 16:15 ¿QUÉ sucede luego?

_____

   Génesis 16:15 ¿CUÁL es su nombre?

_____

   ¿Sabes qué significa el nombre de Ismael? Significa "Dios escucha". ¿No te parece asombroso? Dios vio huir a Agar y Él oyó. Él dio oído a su aflicción.
   Nosotros también vimos que Ismael viviría al este de sus hermanos. Hoy eso correspondería a los árabes  y los saudís de Arabia Saudita. ¿Tienen los israelitas algún problema con los árabes que

viven al este de ellos? Sí, lo tienen. ¡Entonces lo que el ángel de Dios le dijo a Agar continúa sucediendo hoy!

Ahora regresa a la página 13 y agrega al primer hijo de Abram y a la mamá de este hijo en el árbol genealógico.

Génesis 16:16 ¿CUÁNTOS años tiene Abram? _____

Abram tenía 75 años cuando Dios le dio la promesa de convertirse en una gran nación. ¿CUÁNTO tiempo ha pasado desde que Dios hizo esta promesa?

---

¡Vaya! ¡Abram y Sarai han estado esperando un tiempo muy largo! ¿De QUÉ manera vimos a Sarai manejando esta larga espera? Ella se puso impaciente y decidió ayudar a Dios en cumplir Su promesa. Ella fue donde Abram y le compartió su idea de cómo Dios podría darles un hijo.

¿QUÉ hizo Abram? ¿Le recordó a Sarai quién era Dios? Mira todo lo que Abram sabía sobre Dios. Él conocía a Dios como el Dios Altísimo, un Dios soberano que está en control de todas nuestras circunstancias. Y él sabía que Dios es un Dios que guarda el pacto y siempre cumple Sus promesas. ¿Se volvió a Dios?

¡No! ¡Una vez más vemos a nuestro valiente explorador cometiendo un gran error! En lugar de escuchar a Dios, él oye a Sarai. ¿QUÉ sucede cuando oímos al hombre o a nosotros mismos en lugar de Dios? ¡No tenemos nada sino angustia y problemas!

¡Solo mira el desastre de Abram! Sarai estaba molesta, ella trató muy mal a Agar y Agar huyó. ¿Ves cómo el pecado afecta a otras personas? El error de Abram le afectó a él mismo, a Sarai y a Agar y eventualmente afectará a su hijo, así como a sus descendientes. Recuerda a los árabes y los israelíes: ¿viven en paz en la actualidad? El pecado siempre tiene consecuencias. No solo nos afecta a nosotros, ¡sino que siempre afecta a nuestras familias y a otras personas también!

Recuerda, Dios siempre sabe y hace lo mejor para nosotros. Él tenía un plan para Abram y cuando el tiempo fuera correcto, Él haría que se cumpliera a Su manera, no a la manera de Abram o Sarai.

Lo siento...

¿Notaste además que a pesar de que Abram se equivocó y Agar huyó, Dios lo vio todo e intervino? ¿No es increíble saber que Dios es un Dios que ve todos nuestros errores, dolores y temores?

La próxima vez que peques y cometas un error, recuerda que Dios está viendo y vuélvete a Él. Pídele que te perdone por tu pecado y que te ayude a hacer las cosas a Su manera. Recuerda, ¡Dios no solo ve, sino que Él también oye! Corre a Él y entrégale todas tus preocupaciones. ¡Así se hace! Ahora que hemos llegado a nuestra siguiente parada, ¡continúa tu andar con Dios al practicar diciendo tu verso de memoria en voz alta tres veces seguidas, tres veces al día!

DÍA 3

## EL DIOS TODOPODEROSO

"¡Miren!" exclamó Silvia al mirar fuera de la ventana. "Miren esas gigantescas rocas. ¿Dónde estamos, tío Lucas?"

"Esas rocas son llamadas 'Justicia' y 'Cárcel'", respondió el tío Lucas. "A estas alturas los pioneros estaban fatigados y aburridos por el largo viaje. Así que cuando ellos cruzaron Nebraska y vieron estas extrañas formaciones de roca, estas se convirtieron en su entretenimiento".

"La mayoría de los pioneros provenían del medio oeste y nunca habían visto formaciones de rocas tan grandes y extrañas. Así que las nombraron y las usaron como puntos de referencia en sus viajes para que les ayudara a saber qué tan lejos habían llegado y cuánto les faltaba recorrer. Ellos miraban estas formaciones todos los días hasta que finalmente se acercaban lo suficiente como para detenerse y escalarlas".

"Muy bien", gritó Max. "¿Podemos escalarlas, papá?"

"Sí, sí pueden ¡Pero deben tener cuidado! Como dije anteriormente, este es un territorio de serpientes de cascabel y deben prestar atención donde pisan y donde ponen sus manos".

"Está bien, lo haremos. Vamos, Silvia. Veamos si podemos llegar a la cima de la Roca Justicia antes que Chispa".

¡Lo hiciste! ¡Llegaste a la cima! ¡Qué vista! Ahora regresemos hacia la ruta y descubramos qué está sucediendo con Abram. Cuando lo dejamos ayer, él tenía 86 años y justo había tenido a Ismael con Agar, la sierva de Sarai.

No olvides orar y luego ve a la página 168. Lee Génesis 17 y marca las siguientes palabras clave:

Abram (Abraham) (coloréalo de azul)

Pacto (dibuja un cuadro amarillo y coloréalo de rojo)

Tierra (subráyala con doble línea verde y coloréala de azul)

Naciones (coloréala de verde y subráyala de café)

Circuncisión (dibuja un cuchillo rojo)

Bendecir (coloca una nube azul alrededor y coloréala de rosado)

Descendencia (estrella de David de color azul)

No olvides marcar cualquier cosa que te indique DÓNDE ocurre algo, subrayando el lugar con doble línea de color verde. Y no olvides marcar cualquier cosa que te indique cuándo ocurrió algo, dibujando un reloj verde como este: 🕐

¡Así se hace! ¡Tu mapa se ve fantástico! Mañana lo usaremos al continuar nuestro viaje. ¿Practicaste recitar tu verso este día?

## UNA SEÑAL DEL PACTO

"Papá", preguntó Max, "¿no dijiste que una vez que viéramos las Rocas Justicia y Cárcel estaríamos cerca del rancho donde nos uniríamos a nuestra caravana?"

"Así es, Max. De hecho, estaremos ahí antes que te des cuenta".

"¡Sí!" gritaron Max y Silvia al mismo tiempo.

Max dijo riendo: "Iremos en un vagón cubierto real. Esto será épico".

"Oye, mamá", preguntó Silvia, "¿vas a montar los caballos y manejar los vagones?"

"¡Puedes apostarlo! Tu tía Lucy y yo seremos verdaderas mujeres pioneras. Miren adelante, chicos. Saldremos de la carretera hacia el rancho".

Mientras Max y Silvia rebotaban en sus asientos, Chispa sintió la emoción de ellos y comenzó a saltar por todas partes, viendo por las ventanas de todos, causando que todos compartieran una carcajada.

La mamá de Max dijo: "Me pregunto cómo se tomará Chispa la naturaleza. Probablemente él correrá hasta quedarse sin piernas". Chispa se dio la vuelta justo cuando ella acabó de hablar, para darle una buena lamida en su cara, mostrándole que estaba de acuerdo con su declaración.

"Bien, chicos, llegamos", dijo el papá de Max mientras la camioneta se detenía bajo la sombra de unos grandes árboles. "Es tiempo de salir y bajar el equipaje. Mientras ayudan al tío Guillermo, iré a buscar al Sr. Banyon para hacerle saber que llegamos".

¿Estás emocionado? Llegó el momento de empacar nuestros vagones y salir en una aventura en un vagón cubierto como los pioneros.

Al comenzar a cargar los vagones, no te olvides de hablar con tu Jefe de Caravana, Dios. Luego revisa el mapa de Dios yendo a la página 168. Lee Génesis 17 y continúa tu viaje.

Génesis 17:1 ¿CUÁNTOS años tiene Abram? _____ años

Abram tenía 75 años en Génesis 12:4 cuando Dios le prometió que haría de él una gran nación y ahora vemos que tiene 99 años. ¿Cuánto ha pasado desde la promesa de Dios?

_____ años

Mira Génesis 17:1 cuando Dios se aparece a Abram. ¿Quién dice ser Dios a Abram que Él es? "Yo soy el _____ _____".

El nombre hebreo para Dios en este verso es *El Shaddai*, el cual se traduce como el "Dios Todopoderoso". Este nombre de Dios significa exactamente lo que dice: Dios es el Todopoderoso, el poderoso o fuerte. Algunos creen que este nombre también significa el todo suficiente. Dios es todo lo que necesitamos.

Génesis 17:1 ¿QUÉ le dijo Dios a Abram que hiciera?

"_____ delante de Mí, y sé _____".

Eso se aplica a nosotros también. Si caminamos por el camino que Dios quiere que andemos, ¡seremos perfectos también! ¿Qué hay de ti? ¿Cómo andas: por el camino de Dios o por tu propio camino?

_____

Génesis 17:2 ¿QUÉ haría Dios?

"Yo estableceré Mi _____ contigo, y te

_____ en gran manera".

Génesis 17:4 ¿En padre de QUÉ convertirá Dios a Abram?

Multitud de _____

Génesis 17:5 ¿QUÉ hace Dios en este verso?

Él le cambia el nombre de Abram por _____.

El nombre de Abram significaba "padre enaltecido" o "padre exaltado". Ahora Dios ha cambiado su nombre a Abraham, que significa "padre de multitud". Dios ha prometido que reyes y naciones saldrían de Abram. Ahora Él le cambia el nombre para reflejar esa promesa.

Génesis 17:7 ¿CUÁNTO tiempo duraría este pacto?

Por pacto _____.

Génesis 17:8 ¿QUÉ debía ser dado a Abraham y su descendencia por posesión perpetua?

Toda la _____ de _____

Génesis 17:10-11 ¿CUÁL es la señal del pacto que Abraham y su descendencia debían guardar? ¿Qué debían hacer?

"Serán _____".

Génesis 17:12 ¿QUIÉN debía ser circuncidado?

"Todo _____ a la edad de _____ días".

Génesis 17:14 ¿QUÉ le sucedería al varón que no fuera circuncidado?

"Esa persona será _____ de entre su pueblo".

Génesis 17:14 ¿POR QUÉ? "Ha quebrantado Mi

_____".

Si no sabes qué es la circuncisión, pregúntale a tu papá.

Génesis 17:15 ¿A QUIÉN le cambió Dios el nombre?

_____

Génesis 17:15 ¿CUÁL era su nuevo nombre? _____

¿No es increíble? Dios cambia el nombre de Sarai a Sara, que significa "princesa".

Génesis 17:16 ¿CÓMO bendeciría Dios a Sara?

"Te daré un _____ por medio de ella".

Génesis 17:17 ¿QUÉ hizo Abraham?

Se postró sobre su rostro y se _____.

¿POR QUÉ? Porque Abraham piensa que Sara y él son muy viejos para tener un hijo. Así que en Génesis 17:18 él le pide a Dios que se acuerde de alguien. ¿De QUIÉN? _____

Génesis 17:19 ¿QUÉ dijo Dios?

No, sino que Sara, tu mujer, te dará un hijo y le pondrás el nombre de _____".

Génesis 17:19 ¿Por medio de QUIÉN será establecido el pacto de Dios: Ismael y su descendencia o Isaac y su descendencia?

_____ y su descendencia

Génesis 17:20 A pesar de que la promesa no era mediante Ismael y su descendencia, vemos que Dios no se ha olvidado de él. ¿QUÉ haría Dios por él?

Yo lo _____ y lo haré _____

y lo multiplicaré en gran manera. Él será el padre

de doce _____ y haré de él una gran nación.

Génesis 17:22-26 ¿CUÁNDO fue circuncidado Abraham?

Aquel mismo _____

Ahora encuentra las respuestas de cada uno de los espacios en blanco de las preguntas de Génesis 17:1-26 y enciérralas en la sopa de letras a continuación. Si una palabra se usa dos veces, solo necesitas encontrarla una vez en la sopa de letras.

| P | R | E | C | E | P | U | M | B | O | T | U | P | A | C | T | O | Y |
|---|---|---|---|---|---|---|---|---|---|---|---|---|---|---|---|---|---|
| S | E | O | C | F | O | R | F | E | C | U | N | D | O | A | H | I | U |
| P | E | A | A | E | H | D | I | O | G | I | O | S | E | E | I | S | P |
| H | A | Y | A | J | C | O | U | O | N | R | E | T | E | R | J | O | A |
| B | J | O | S | E | O | R | I | E | S | M | J | O | E | A | O | D | T |
| E | O | R | I | M | Y | T | A | M | A | R | I | M | R | T | N | A | O |
| N | J | E | A | N | U | P | D | H | A | D | I | A | F | A | A | D | D |
| D | O | V | A | O | O | L | A | T | E | R | N | O | E | R | C | I | O |
| E | R | U | Ñ | D | Z | R | T | U | A | I | S | I | C | R | I | C | P |
| C | J | E | O | A | B | J | R | I | S | O | S | E | T | E | O | N | O |
| I | S | T | R | A | T | I | O | V | P | O | N | M | O | I | N | U | D |
| R | I | A | A | S | E | S | C | I | O | L | A | R | A | T | E | C | E |
| E | A | N | T | E | S | E | P | I | C | N | I | R | P | E | S | R | R |
| A | D | I | E | C | A | N | A | A | N | C | A | C | S | O | L | I | O |
| A | R | A | S | T | R | E | D | I | O | S | A | G | A | F | E | C | S |
| N | O | R | A | V | E | I | N | T | I | C | U | A | T | R | O | G | O |
| V | I | V | I | A | R | A | S | A | B | R | A | N | H | M | E | I | A |
| N | U | E | V | E | U | N | Y | A | T | N | E | V | O | N | F | S | M |

¿Notaste al hacer tu estudio que Dios le dice a Abraham qué hacer y que Abraham obedece inmediatamente?

- ¿Obedeces a tus padres inmediatamente cuando ellos te piden que hagas algo? ¿O discutes con ellos, especialmente cuando te piden que hagas algo que no quieres hacer? Escribe lo que haces a continuación.

Mira cómo Abraham respondió al mandamiento de Dios de la circuncisión. Este no era un mandamiento fácil de obedecer. La circuncisión era algo muy doloroso. Pero Abraham no discutió o se quejó. Simplemente obedeció a Dios.

Enseguida, en aquel mismo día, Abraham se había circuncidado él mismo y a Ismael (quien tenía 13 años de edad) y a todos los hombres de su casa, así como Dios le dijo. La próxima vez que tu mamá o tu papá te pidan que hagas algo, recuerda la obediencia de Abraham. Hónralos con una obediencia inmediata, sin gruñir o quejarte. ¡Puedes hacerlo! Solo dile a Dios que quieres obedecerle y honrarlo.

## DIOS Y SUS MENSAJEROS

Mientras Max y Silvia ayudaban a desempacar sus sacos de dormir y su equipo de la camioneta, Lucas, el papá de Max, y otros dos hombres llegaron. "Muy bien, todos", dijo Lucas, "quiero presentarles al Sr. Banyon. Este es su rancho, y este es su jefe de caravana, Miguel. Miguel, Sr. Banyon, quiero presentarles a mi esposa, Lucy, nuestro hijo, Max, la hermana de Lucy, Katy, el esposo de Katy, Guillermo y su hija, Silvia".

Cuando Lucas terminó de presentarlos, Chispa comenzó a ladrar. "Oh, casi lo olvido. Este es el mejor Beagle detective que hay, Chispa, el perro de Max. ¡Él siempre nos mantiene alertas de puntillas!" Todos se rieron mientras Miguel se acercó para darle una palmada a Chispa en la cabeza.

¡HOLA SOY MIGUEL!

"Bueno, es un gusto conocerlos", dijo Miguel. "Yo seré su jefe de caravana en este viaje. El Sr. Banyon les entregará el equipo y les mostrará sus vagones mientras yo cargo el resto de nuestras provisiones. Luego almorzaremos antes de partir. ¿Están listos para el viaje?"

Todos vitorearon y Miguel y el Sr. Banyon se rieron.

"Bien, vengan por aquí y les ayudaré a prepararse", dijo el Sr. Banyon, al guiar al grupo hacia un pequeño edificio.

Cuando llegaron al edificio, Max y Silvia notaron que el papá de Max le guiñó el ojo a su mamá".

"¿Qué pasa, mamá?" preguntó Max. "Los conozco a ustedes dos. Están tramando algo".

La mamá de Max solo sonrió y dijo: "Oh, tenemos una pequeña sorpresa para Silvia y para ti. Tu papá solo me estaba dejando saber que 'algo' había llegado con seguridad".

Max y Silvia se emocionaron. "¿Qué es? ¿Podemos verlo?" Justo cuando preguntaron esto, ellos alzaron la mirada y vieron a su tío Jaime y Cecilia, la tía de Max, salir del edificio, riéndose al salir.

"Tío Jaime, tía Cecilia, ¿cómo llegaron hasta aquí?"

"¡Sorpresa!" exclamó la tía Cecilia. "Jaime y yo no podíamos soportar la idea de perdernos una aventura en verdaderos vagones cubiertos, así que decidimos volar hasta acá para unirnos a su viaje por la tierra de Nebraska".

"¡Esta es una gran sorpresa!" exclamó Max. Chispa estuvo de acuerdo al correr alrededor saltando una y otra vez, sin estar seguro a quien debería darle su especial lamida primero.

"Ahora que todos están aquí, empecemos a empacar esos vagones", dijo el Sr. Banyon. "Estos sacos contienen sus utensilios esmaltados, platos y vasos, los cuales pueden conservar después de su viaje, algunos utensilios de cocina, un poncho para la lluvia y un sobre, papel y lápiz para que puedan escribir una carta para que el pony express entregue".

"¡Muy bien! Esto será tan increíble", exclamó Max.

El Sr. Banyon estuvo de acuerdo al responder: "Ahora vamos a empacar esos vagones".

Mientras nos preparamos para nuestro viaje hacia la tierra salvaje de Nebraska, continuemos nuestro viaje con Abraham.

Saca el mapa de Dios y ve a la página 170. Lee Génesis 18:1-19 y marca las siguientes palabras clave solamente para los primeros 19 versos:

Abraham (coloréalo de azul)

Naciones (coloréala de verde y subráyala de café)

Bendecir (coloca una nube azul alrededor y coloréala de rosado)

Además, cuando te encuentres con la frase clave: *"¿Hay algo demasiado difícil para el Señor?"*, márcala encerrándola con morado y coloreándola de naranja.

No olvides marcar cualquier cosa que te indique DÓNDE ocurre algo, subrayando el lugar con doble línea de color verde. Y no olvides marcar cualquier cosa que te indique CUÁNDO ocurrió algo dibujando un reloj verde como este:

Viendo Génesis 17:1, ¿CUÁNTOS años tenía Abraham?

Abraham tenía _____ años.

¿CUÁNTO tiempo ha pasado desde que Dios prometió a Abraham que haría de él una gran nación en Génesis 12:1-4?

_____ años

Génesis 18:1 ¿QUÉ está ocurriendo?

_____

Génesis 18:2-5 ¿QUÉ es lo principal que está sucediendo en estos versos?

_____

_____

Génesis 18:1-2 ¿QUIÉNES son estos tres hombres? ¿Lo sabes? ¿QUIÉN se aparece a Abraham en el encinar de Mamre en el verso 1?_____

Entonces vemos que uno de los tres es el Señor. Algunos creen que este era Jesús antes de convertirse en un bebé. ¿Puedes averiguar quiénes son los otros dos varones? Echa un vistazo a Génesis 18:22. Los dos hombres partieron, dirigiéndose a Sodoma, dejando al Señor hablando con Abraham. Ahora mira Génesis 19:1. ¿Quiénes son los dos que llegaron a Sodoma?

Los dos á __ __ __ __ __ s vinieron a Sodoma.

Génesis 18:6-8 ¿QUÉ hace Abraham?

_____

_____

Génesis 18:9-10 ¿QUÉ le dijo el Señor a Abraham que pasaría en este tiempo el siguiente año?

_____

Génesis 18:11 ¿QUÉ podemos ver sobre Abraham y Sara?

_____

Así que si Abraham tenía 99 años en Génesis 17:1 y el Señor le dijo que él tendría un hijo por ese tiempo en el año siguiente, ¿CUÁNTOS años tendría Abraham cuando su hijo naciera?

_____ años

¿Sabemos CUÁNTOS años tendría Sara? Mira Génesis 17:17. Podemos ver que hay una diferencia de diez años entre Abraham y Sara. Entonces ¿CUÁNTOS años tendría Sara cuando Isaac naciera?

_____ años

Génesis 18:12 ¿QUÉ hizo Sara?

_____

¿POR QUÉ crees que Sara se rió?

_____

Génesis 18:13-14 ¿CUÁL fue la respuesta del Señor? (la marcamos en nuestro Registro de Observaciones).

_____

Génesis 18:15 ¿POR QUÉ Sara negó haberse reído?

_____

Génesis 18:16 ¿DÓNDE estaban mirando los varones mientras

Abraham caminaba con ellos? _____

Génesis 18:17 ¿QUÉ pregunta el Señor?

"¿_____ a Abraham lo que voy a hacer?"

Génesis 18:19 ¿QUÉ vemos que el Señor ha hecho con respecto a Abraham?

"Y Yo lo he _____ para que _____ a

sus _____ y a su _____ después de él que

_____ el camino del _____ , haciendo

_____ y _____".

Ahora mira todo lo que hemos aprendido sobre nuestro valiente explorador en este día. Abraham tenía 99 años y el Señor llega con dos varones (ángeles) para decirle que él tendría a su hijo por ese tiempo el siguiente año. ¿No es eso increíble?

¿Hay algo demasiado difícil para el Señor? ¡No! Recuerda lo que has aprendido sobre Dios. Él es un Dios Todopoderoso, Él está en control de todas nuestras circunstancias, Él ve y Él oye. ¡Nada es demasiado difícil para Dios!

Ahora antes de que partas en tu viaje, busca y lee Romanos 4:18-21.

¿Viste cómo Abraham tuvo esperanza contra esperanza? Él sabía que era demasiado viejo para tener un hijo, pero Dios dijo que él lo tendría por ese tiempo en el siguiente año, así que él escogió creerle a Dios.

¿Harás lo mismo que hizo el valiente explorador de Dios? Sin importar cuán difíciles y duras sean tus circunstancias, ¿tendrás esperanza contra esperanza y le creerás a Dios? Sí_____ No_____

¿Te diste cuenta que Abraham no titubeó con incredulidad sino que se fortaleció en fe? ¿A QUIÉN dio gloria? Así es, ¡a Dios! Él sabía que Dios era capaz de cumplir lo que había prometido.

¿Sabes eso acerca de Dios? ¿Crees que Dios puede hacer cualquier cosa a pesar de lo imposible que parezca? ¿Tienes una fe que no titubea como la de Abraham? Sí_____ No_____

Ahora, por qué no escribes una breve oración a Dios en las siguientes líneas, pidiéndole que te ayude a tener una fe como la de Abraham, ¡para ayudarte a saber que nada es demasiado difícil para Él!

_____

_____

_____

_____

¡Fantástico! ¡Estás en camino de un viaje de por vida de crecimiento en tu fe!

# 4

## FUEGO Y AZUFRE

# GENÉSIS 18-19

¿Estás listo para viajar entre la tierra salvaje de Nebraska para ver cómo se sintió realmente ser como un pionero sin baños, camas o cocinas? ¡Genial! Entonces acompañemos a Max, Silvia y Chispa mientras ellos cargan sus vagones para su aventura llena de diversión.

### ABRAHAM CAMINA CON DIOS

Miguel se acercó al área de picnic. "¿Hay alguien aquí que le gustaría montar a caballo?" preguntó con alegría en su voz. "Nosotros", respondió Silvia emocionada señalando a Max y ella misma.

"Muy bien, Max, tú puedes montar a Media Pinta y Silvia puede montar a Leche Cuajada. Yo ayudaré a Lucy, Katy y Cecilia a conducir sus vagones y Lucas, Guillermo y Jaime pueden manejar el otro vagón. ¿Están listos para salir?"

"¡Sí, señor!" gritaron Max y Silvia al dirigirse a montar sus caballos. Max montó a Media Pinta, una yegua india Appaloosa,

87

mientras que Silvia montó a Leche Cuajada, la hermana de Media Pinta. Sauce, el potro de Media Pinta, estaba parado junto a su madre.

Los demás subieron a sus vagones, con Chispa sentado junto a Miguel en el asiento del conductor. Cuando todos estaban listos, Miguel tiró de las riendas y exclamó: "¡Vaaagoooneeees, hoooooo!" y el equipo de caballos de tiro de Miguel, Rayo y Pecas, comenzaron a tirar de los vagones lenta y desgarbadamente por la llanura con los caballos de Max y Silvia yendo al trote detrás de los vagones rodantes. ¡Estamos en camino!

Ahora que estamos en camino por la llanura, terminemos de marcar el mapa de Dios en Génesis 18. Ve a la página 172. Marca las siguientes palabras clave en Génesis 18:19-33:

Abraham (coloréalo de azul)

Pecado (coloréalo de café)

Destruir (dibuja líneas negras como un garabato)

Impío (coloréalo de negro)

Justo (coloréalo de celeste con una "J")

No olvides marcar cualquier cosa que te indique <u>DÓNDE</u> ocurre algo, subrayando el lugar con doble línea de color verde. Y no olvides marcar cualquier cosa que te indique cuándo ocurrió algo dibujando un reloj verde como este:

¡Muy bien! Descubramos nuestro verso para memorizar al mirar algunos de los artefactos de Miguel a continuación. En cada uno de los artefactos de los pioneros hay un número y una letra. Bajo los artefactos están los espacios en blanco de tu verso, con un número debajo de cada espacio en blanco. Encuentra la letra que corresponda al número en el artefacto y escribe la letra en el espacio en blanco, para descubrir cuál es tu verso para memorizar de esta semana.

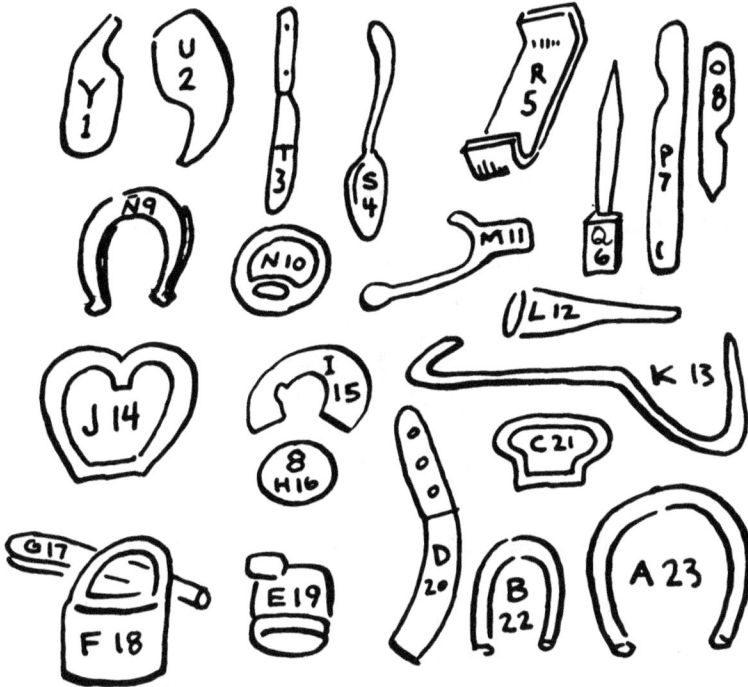

"__ __ __ __ __ __ __ __ __ __ __ __ __ __ __ __ __ __ __ __ __ __
 1   1 8   12 8   16 19   19 4 21 8 17 15 20 8   7 23 5 23   6 2 19

__ __ __ __ __ __ __ __ __ __ __ __ __ __ __ __ __ __
11 23 10 20 19   23   4 2 4   16 15 14 8 4   1   23   4 2   21 23 4 23

__ __ __ __ __ __ __ __ __ __ __ __ __ __ __ __ __ __ __ __ __ __
20 19 4 7 2 19 4   20 19   19 12   6 2 19   17 2 23 5 20 19 10   19 12

__ __ __ __ __ __ __ __ __ __ __ __ __ __ __ __ __ __ __ __ __
21 23 11 15 10 8   20 19 12   4 19 9 8 5'   16 23 21 15 19 10 20 8

__ __ __ __ __ __ __ __ __ __ __ __ __ __ __ __ __ __ __ __ __ __
14 2 4 3 15 21 15 23   1   14 2 15 21 15 8'   7 23 5 23   6 2 19   19 12

$$\overline{4}\ \overline{19}\ \overline{9}\ \overline{8}\ \overline{5}\quad \overline{21}\ \overline{2}\ \overline{11}\ \overline{7}\ \overline{12}\ \overline{23}\quad \overline{19}\ \overline{10}\quad \overline{23}\ \overline{22}\ \overline{5}\ \overline{23}\ \overline{16}\ \overline{23}\ \overline{11}\quad \overline{3}\ \overline{8}\ \overline{20}\ \overline{8}$$

$$\overline{12}\ \overline{8}\quad \overline{6}\ \overline{2}\ \overline{19}\quad \overline{19}\ \overline{12}\quad \overline{16}\ \overline{23}\quad \overline{20}\ \overline{15}\ \overline{21}\ \overline{16}\ \overline{8}\quad \overline{23}\ \overline{21}\ \overline{19}\ \overline{5}\ \overline{21}\ \overline{23}$$

$$\overline{20}\ \overline{19}\quad \overline{19}\ \overline{12}.\text{"}$$

$$\underline{\quad\quad\quad\quad\quad\quad\quad}\ \ 18{:}19$$
$$\overline{17}\ \overline{19}\ \overline{10}\ \overline{19}\ \overline{4}\ \overline{15}\ \overline{4}$$

Ahora al practicar diciendo tu verso tres veces hoy, determina en tu corazón ser como Abraham. Dios te ha escogido, así que guarda Sus caminos haciendo justicia y juicio y Dios te bendecirá así como bendijo a Abraham.

## DIOS REVELA SU PLAN A ABRAHAM

Mientras Max y Silvia seguían los vagones cubiertos, Max notó una roca de apariencia extraña en la distancia.

"Oye, papá", gritó Max para ser oído por encima del bullicioso crujir de los vagones, "¿no es esa la Roca Chimenea a la distancia?" El papá de Max sacó la cabeza del vagón para responder a Max a gritos: "Sí lo es, Max. Estaremos armando el campamento en unos 20 minutos al pie de la Roca Chimenea".

Max miró a Silvia: "Vamos a acampar en el mismo lugar donde lo hicieron muchos de los pioneros. La Roca Chimenea era otro de sus lugares favoritos para acampar junto a la ruta, porque tenía una buena fuente de agua. ¿Genial, no?

"Es genial. Oye, hagamos un dibujo de la Roca Chimenea cuando acampemos", le dijo Silvia a Max, "así como lo hicieron los niños pioneros en el camino".

¿Cómo te va en el camino caluroso y polvoriento? Seguramente estás listo para una rica y helada agua para beber. ¿Por qué no metes tu taza en el barril de agua mientras nos dirigimos a Génesis 18?

Descubramos qué revela Dios a Abraham sobre lo que Él hará. Pero no te olvides de hablar con tu Jefe de Caravana antes de continuar tu viaje.

En Génesis 18:17-19 vimos que el Señor dijo que había escogido a Abraham y que Él no le ocultaría a Abraham lo que haría. ¿Alguna vez oculta Dios Sus planes de Sus hijos? Hagamos unas referencias cruzadas para descubrirlo.

Busca y lee Amós 3:7.

Amós 3:7 ¿A QUIÉN revela Dios Su secreto?

_____

Ahora busca y lee Apocalipsis 1:1.

Apocalipsis 1:1 ¿QUÉ reveló Dios a sus siervos?

Las _____ que deben _____ pronto.

¿Ves cómo Dios nunca nos oculta lo que Él hará? Podemos saber qué hará Dios en el futuro, porque tenemos toda Su Palabra. Tenemos la Biblia completa.

Ahora regresemos a Génesis 18:20 en la página 172.

Génesis 18:20 ¿QUÉ menciona el Señor acerca de Sodoma y Gomorra?

Su _____ es sumamente _____.

Génesis 18:21 ¿QUÉ haría el Señor?

_____

Génesis 18:22-23 ¿QUÉ le pregunta Abraham al Señor después que los dos varones salen hacia Sodoma?

"¿En verdad _____ al _____ junto

con el _____?"

Génesis 18:24-25 ¿QUÉ dice Abraham sobre el Señor?

"El _____ de toda la _____, ¿no hará

_____?"

Génesis 18:26 ¿CÓMO le responde el Señor?

"Si hallo en Sodoma _____ _____

dentro de la ciudad, _____ a todo el lugar

por consideración a ellos".

Génesis 18:27 Cuando Abraham vuelve a hablarle al Señor, ¿qué reconoce sobre sí mismo?

"Yo que soy _____ y _____".

Ahora, en Génesis 18:28-32 vemos a Abraham que continúa preguntándole a Señor lo QUE haría si hubiera diferentes cantidades de justos:

Verso 28 _____ justos

Verso 29 _____ justos

Verso 30 _____ justos

Verso 31 _____ justos

Verso 32 _____ justos

¿QUÉ significa ser justo? ¿Lo recuerdas? Ser justo quiere decir estar bien con Dios. Una persona justa es alguien que se da cuenta que es un pecador y que ha confesado sus pecados para tener una relación correcta con Dios. Es una persona que quiere hacer lo que Dios dice que es correcto.

Génesis 18:32 ¿QUÉ le dice el Señor a Abraham?

¿No es asombroso ver cómo el Señor oyó el ruego de Abraham? Abraham pregunta al Señor si Él tratará al impío y al justo de la misma manera.

Abraham conoce que el Señor es un Dios justo que juzga con justicia. Él pide al Señor que mire si hay alguna persona justa en Sodoma y que perdone la ciudad por amor al justo. ¿Qué sucedió? El Señor respondió que Él perdonaría a la ciudad si hallaba tan solo diez justos.

Nosotros también tenemos la extraordinaria oportunidad de que Dios escuche nuestras peticiones. Podemos ir a Dios en oración y pedirle Su ayuda para nuestro país, así como Abraham lo hizo por Sodoma y Gomorra. ¿Nos escuchará Dios? Busca y lee 1 Juan 5:14-15.

Podemos pedirle a Dios cualquier cosa si pedimos ¿de QUÉ manera?

"...si pedimos cualquier cosa _____ a Su

_____, Él nos _____. Y si sabemos que Él nos

_____ en cualquier cosa que _____, sabemos que

tenemos las _____ que Le hemos hecho".

¿Has orado por tu ciudad y por tu país? Vivimos en un mundo muy impío que se parece mucho a Sodoma y Gomorra. Necesitamos buscar a Dios en oración y rogar a favor de nuestro país.

Necesitamos pedirle a Dios que vuelva los corazones de la gente de nuestro país hacia Él, que nos ayude a verdaderamente tener un país que sea una nación sometida a Dios, antes que Él decida traer juicio sobre nosotros, como lo hizo con Sodoma y Gomorra.

Ahora ¿CÓMO pidió Abraham? Vemos que Abraham se acerca al Señor diciéndole que él es polvo y ceniza. Abraham sabía cuál era su lugar. Él estaba hablando con un Dios santo y justo.

¿CÓMO tratas a Dios? ¿Lo tratas como el Dios santo que Él es?

Escribe CÓMO te diriges a Dios.

---

Ahora ora humillándote ante un Dios santo, alabándolo por quien Él es y ¡pidiéndole que vuelva los corazones de las personas de tu país hacia Él!

### DOS ÁNGELES EN SODOMA

Miguel llevó el vagón hacia un costado del campamento y detuvo a Pecas y Rayo. Mientras él desataba a los caballos, todos se estiraron y bromearon sobre el viaje chirriante y lleno de baches por la llanura.

La mamá de Max dijo: "¿Pueden imaginar montar esos vagones día tras día por cinco meses?"

"Qué horror", respondió Cecilia, la tía de Max. "Ahora sé lo fácil que es para nosotros".

"Bueno", dijo la tía Katy riendo, "creo que es hora de convertirnos en verdaderas pioneras. Llamemos a los niños y vayamos a ayudar a Miguel a cocinar la cena".

Al acercarse a Miguel en el vagón, él ya estaba desempacando los ingredientes para la cena de aquella noche. "¿Qué es eso?", preguntó Max, mientras Miguel le entregó un pequeño salero y le pidió que sazonara una olla que tenían frejoles, jamón y cebollas. "Es mi propio condimento llamado 'Roja Diversión'. Esto hará que estos frejoles sepan tan bien, que hasta tú terminarás pidiendo porciones extra".

"No lo creo, Miguel", dijo Max riéndose. "Pero lo probaré, a ver qué tal".

Cuando Max terminó de sazonar los frejoles, Miguel los llevó y los colocó sobre el fuego. "En un ratito", le dijo a Silvia, "te dejaré usar mi propia sazón especial llamada 'polvo de sendero' al enharinar y condimentar la carne para nuestro estofado especial de fogata".

"¡Mmm!" respondió Silvia. "Eso suena muy bien. ¿Podemos ir a revisar la Roca Chimenea mientras esperamos, Miguel?"

"Claro que sí", respondió Miguel, "pero deben quedarse en el lado que tiene césped mientras escalan a la cima. La arcilla es realmente resbaladiza y no querrán deslizarse más rápido de lo que escalan a la cima".

"Tendremos cuidado", dijo Max. "Vamos, Chispa. Vamos a escalar otra genial roca".

Ahora, mientras cruzas la llanura para trepar la Roca Chimenea, saquemos el mapa de Dios para que podamos marcar lo que estaba ocurriendo en Sodoma y Gomorra. Ve a la página 173. Lee Génesis 19 y marca las siguientes palabras clave:

Abraham (coloréalo de azul)

Lot (coloréalo de naranja)

Los dos ángeles (coloréalos de amarillo)

~~Destruir~~ (dibuja líneas negras como un garabato)

No olvides marcar cualquier cosa que te indique <u>DÓNDE</u> ocurre algo, subrayando el lugar con doble línea de color verde. Y no olvides marcar cualquier cosa que te indique cuándo ocurrió algo, dibujando un reloj verde como este: 🕐

¡Practica diciendo tu verso para memorizar tres veces seguidas, tres veces este día! Ahora regresa a la hoguera y ayuda a Miguel a sazonar ese estofado de hoguera con un poco de "polvo de sendero".

## ESCAPE DE SODOMA

"Mmm, eso estuvo muy rico, Miguel", dijo Max al terminar lo último de su estofado y frejoles.

"Me alegra que te gustó", respondió Miguel. "Ahora, tan pronto como Silvia y tú limpien esos vasos y platos, les enseñaré cómo disparar un rifle de pólvora negra".

"¿En es serio, Miguel? ¿De veras nos dejarás disparar un rifle real de pólvora negra como los pioneros?"

"Seguro que sí", dijo Miguel, "siempre y cuando sus padres estén de acuerdo. Además les mostraré cómo murieron tantos pioneros porque no sabían cómo usar sus rifles".

Max y Silvia se apresuraron a lavar sus platos y ayudaron a limpiar el campamento para que pudieran tener su primera lección de tiro de rifle.

"Primero tenemos que verter un poco de pólvora negra en el cañón", explicó Miguel. "Luego tomamos nuestro paño y nos lo ponemos en la boca para mojarlo bastante".

"Ugh", dijo Silvia al mirar a Max sacar su paño de su boca. "¡Eso es muy asqueroso!"

"Luego, envuelven la bala en el paño y la dejan caer dentro del cañón. Después usan su varilla para asegurarse que la bala es empujada hasta abajo. Ese fue uno de los errores que los pioneros hicieron, no empujaban la bala completamente abajo".

"Bien, ahora necesitan halar el martillo y colocar la cápsula fulminante. Excelente. Ahora encuentra tu blanco, apunta y aprieta el gatillo, pero debes estar listo. Será bullicioso y sentirás un culatazo".

Cuando Max disparó el rifle, Silvia se tapó los oídos. "Estupendo", dijo Max luego de haber disparado el rifle. "Es tu turno, Silvia. Coloca el paño en tu boca y prepárate para cargar".

Ahora que todos hemos tenido una oportunidad de disparar el rifle, necesitamos regresar a Génesis para descubrir qué pasó cuando los dos ángeles llegaron a Sodoma y Gomorra. Ve a la página 173 y lee Génesis 19.

Génesis 19:1 ¿A QUIÉN vieron los dos ángeles sentado a la puerta cuando llegaron a Sodoma?

_____

¿Sabías que los dirigentes de las ciudades eran los que se sentaban a la puerta para dictar juicio? Sentarse a la puerta implicaba que uno tenía poder y autoridad en aquella ciudad.

Génesis 19:1 ¿QUÉ hace Lot cuando ve a los ángeles?

_____

Génesis 19:2 ¿QUÉ les pidió Lot que hicieran?

_____

Génesis 19:2 ¿CUÁL fue la respuesta de los ángeles?

_____

Génesis 19:3 ¿Estuvo Lot de acuerdo con que ellos deberían pasar la noche en la plaza? ¿QUÉ les insistió que hicieran?

_____

Génesis 19:4-5 ¿QUÉ pasó esa noche?

Los _____ de _____ rodearon la _____ de

Lot y llamaron a Lot para que sacara a los dos ángeles

para que ellos pudieran _____.

Génesis 19:6-7 ¿QUÉ les dijo Lot?

"_____ míos, les ruego que no obren

_____".

Génesis 19:9 ¿QUÉ trataron hacer los hombres de la ciudad?

Se _____ contra Lot y estaban a punto de

_____ la _____.

Génesis 19:10 ¿QUÉ hicieron los varones (ángeles)?

Ellos metieron a _____ en la casa con ellos y

_____ la puerta.

Génesis 19:11 ¿QUÉ hicieron ellos con los hombres que estaban a la puerta de la casa?

_____

Génesis 19:12 ¿QUÉ le dijeron los ángeles a Lot que hiciera?

_____

Génesis 19:13 ¿QUÉ estaban a punto de hacer los ángeles?

_____

Génesis 19:16 ¿QUÉ hizo Lot?

Él _____.

Génesis 19:16 ¿QUÉ hicieron los ángeles?

_____

Génesis 19:16 ¿POR QUÉ?

Porque la _____ del Señor estaba sobre él.

Génesis 19:17 ¿QUÉ les dijeron a Lot y su familia que hicieran?

_____

_____

Génesis 19:24 ¿QUÉ hizo Dios?

_____

Génesis 19:26 ¿QUÉ hizo su esposa?

_____

Génesis 19:26 ¿QUÉ le ocurrió a ella?

_____

Génesis 19:28 ¿QUÉ vio Abraham?

_____

Génesis 19:29 ¿POR QUÉ Dios hizo salir a Lot de en medio de la destrucción?

Él se _____ de Abraham.

Génesis 19:30 ¿ADÓNDE fue Lot y se quedó con sus dos hijas?

_____

En Génesis 19:31-38 vemos que las dos hijas de Lot temían que debido a la destrucción completa del valle no habría hombre que quedara en la tierra que fuera padre de sus hijos. Entonces ¿QUÉ hicieron? ¿Clamaron a Dios por ayuda o tomaron el asunto en sus propias manos?

Génesis 19:32 ¿QUÉ lograron que su padre hiciera?

_____

Génesis 19:32 ¿QUÉ estaban tratando de preservar?

_____

¿Hicieron lo correcto o lo incorrecto?

_____

Génesis 19:37 ¿CÓMO llamó la primera hija de Lot a su hijo?

_____; él es el padre de los _____

Génesis 19:38 ¿CÓMO llamó la hija menor de Lot a su hijo?

_____; él es el padre de los _____

¿No es asombroso ver que el Señor rescató a Lot por causa de Abraham? ¿Notaste en el verso 16 que Lot titubeó? Pero debido a la compasión del Señor, los ángeles tomaron su mano y lo sacaron de la ciudad.

¿Por qué titubeó Lot? Él sabía que Sodoma era extremadamente impía. Él acababa de experimentar su impiedad cuando trataron de romper su puerta para tomar a los ángeles. Esto nos muestra cómo el pecado nos puede meter en una fortaleza y no podemos salir de ella.

Estos hombres de la ciudad eran en extremo perversos. Ellos estaban cometiendo actos de inmoralidad que Dios nos dice en Su Palabra eran equivocados. Pero cuando Lot fue advertido que la ciudad iba a ser destruida, él titubeó.

¿Alguna vez has dudado al ver a tus amigos haciendo algo malo?
¿O te alejaste inmediatamente?
Escribe lo que hiciste.

---

¡Muy bien hecho! Has realizado un asombroso trabajo siguiendo el mapa de Dios. Ahora mira el dibujo de la Roca Chimenea en la página 95. ¿A qué se parece a la luz de la luna? Algunas personas creen que se parece a un coyote aullando. ¿QUÉ piensas? Hablando de coyotes, esperamos no oír ninguno al entrar a nuestras tiendas. ¡Necesitamos descansar bien esta noche porque el pony express llegará temprano en la mañana para recoger nuestro correo!

## UNA CIUDAD IMPÍA Y DESOLADA

"Puedo oírlo, tío Jaime", dijo Max al acercarse al campamento. "Puedo escuchar al jinete del pony express. Él está llegando".

Silvia se apresuró a salir de su tienda con su carta a la mano, mientras Chispa comenzó a correr alrededor, ladrando de la emoción por toda la conmoción que ocurría alrededor de los vagones. El tío Jaime, Max, Silvia y Chispa caminaron un poco hacia la cima para ver si podían visualizar algo.

"¡Ahí viene!" gritó Max desde la cima. "Puedo ver su camisa roja. ¡Se aproxima!" Todos se juntaron alrededor de la fogata mientras Miguel preparaba su desayuno especial de vaquero. Ellos miraron al jinete del pony express llegar al campamento con una carta especial dirigida a Max y Silvia.

"¡Miren!" exclamó Silvia. "¡Tenemos correo!"

Cuando Max y Silvia entregaron su correo al mensajero del pony express, él puso sus cartas dentro de su bolso y montó su caballo en un abrir y cerrar de ojos para continuar su viaje de entregas de correo, justo como lo hacían en los días de los pioneros.

Ahora que la emoción terminó, Miguel está listo y es hora de sentarnos y probar su famoso desayuno de vaqueros. ¿QUÉ es un desayuno de vaqueros? Es todo lo que ha sobrado echado sobre un enorme sartén de hierro fundido. Veamos, hay carne de nuestro estofado, cebollas, papas, queso, huevos, tocino y salchichas. ¡Ten cuidado con Chispa! Él está justo a tu lado parado sobre sus patas traseras oliendo tu plato y ¡ya sabes lo mucho que le gusta robarse tu tocino!

Ahora, al comer nuestro desayuno, echemos otro vistazo a Sodoma y Gomorra. ¿Sabías que Sodoma es mencionada 48 veces en 14 libros de la Biblia? ¿POR QUÉ crees que Dios ha escrito tanto sobre Sodoma?

Obviamente hay algo que Él quiere enseñarnos. Así que vamos a orar. Luego necesitamos sacar el mapa de Dios. Necesitamos buscar las referencias que están en la lista de la siguiente página para descubrir cómo era Sodoma, cómo Lot llegó ahí, cómo era la gente de Sodoma y cómo es Sodoma en la actualidad.

¿CÓMO es Sodoma?

Génesis 13:10 En el valle del _____

Estaba bien _____.

¿CÓMO era la gente en Sodoma?

Génesis 13:13 Los hombres de Sodoma eran _____

y _____ en gran manera contra

el _____.

Judas 1:7 Así también Sodoma y Gomorra y las ciudades

circunvecinas, a semejanza de aquéllos, puesto que

ellas se _____ y siguieron carne

extraña, son exhibidas como ejemplo al sufrir el

_____ del _____ eterno.

¿CÓMO llegó Lot allí?

Génesis 13:11 _____ escogió vivir en el valle del

_____.

Génesis 13:12 _____ puso sus tiendas hasta

_____.

Génesis 14:12 Ellos se llevaron a _____, pues él habitaba en

Sodoma.

¿QUÉ le hizo a Lot el vivir en Sodoma?

2 Pedro 2:6-8 Además rescató al _____ Lot,

_____ por la _____

sensual de hombres _____

(porque ese justo, por lo que _____ y _____

mientras vivía entre ellos, diariamente sentía su alma

_____ _____ por las

_____ de ellos).

¿QUÉ hizo Dios con Sodoma? ¿CÓMO es en la actualidad?

Deuteronomio 29:23 Toda su tierra es _____,

_____ y _____, sin sembrar,

nada _____ y el _____ no crece

en ella… el Señor [la] destruyó en Su _____ y

en Su _____.

Jeremías 50:40 _____ destruyo a Sodoma y Gomorra y

a sus _____ _____. Ningún

hombre _____ allí, ni

_____ en ella hijo de hombre.

Entonces veamos lo que descubrimos. ¿Notaste cómo en Génesis 13 Sodoma era bien regada y se veía tan bien que Lot escogió vivir cerca de ahí? Haz un dibujo de cómo se veía Sodoma en Génesis 13:10 en el cuadro en la siguiente página.

### Sodoma en Génesis 13

Al pasar el tiempo, vemos que Lot pasa de vivir cerca de Sodoma a vivir justo en la ciudad. Esto nos muestra que no podemos quedarnos observando el pecado desde afuera porque antes que nos demos cuenta estaremos atrapados justo en el medio. Recuerda lo que vimos en 2 Pedro 2:6-8: Lot era un hombre justo que vivía en medio del pecado. Él estaba atormentado, siendo arrastrado en direcciones opuestas. Por ejemplo, es como juntarse con los chicos en la escuela que usan un lenguaje vulgar. Luego te das cuenta que oyes una de esas palabras salir de tu boca porque te has expuesto a escucharlas una y otra vez.

- ¿Estás al pie del pecado cuando te juntas con chicos que hacen cosas que no deberían, como usar un lenguaje vulgar, fumar o beber? ____Sí ____No

- ¿QUÉ harás al respecto para no terminar justo en medio del pecado, como le pasó a Lot?

Además vimos que los hombres de la ciudad era malos y pecadores en gran manera contra el Señor (Génesis 13:13). En Judas 1:7 vemos que esas personas cometieron actos de gran inmoralidad al usar sus cuerpos de una manera que Dios dice que es pecaminosa.

Dios creó al hombre y la mujer para que se unieran y se hicieran una sola carne dentro de la relación matrimonial (Génesis 2:24) y cualquier relación íntima físicamente fuera de la relación de un esposo y una esposa es pecado.

Los hombres de Sodoma estaban deshonrando la relación que Dios había creado para un esposo y una esposa al tener una relación física fuera del matrimonio y estaban con otros hombres, lo cual Dios nos muestra en Su Palabra que está mal.
Busca y lee Levítico 18:22; 20:13; y Romanos 1:18-32.

¿QUÉ vimos que le ocurrió a Sodoma debido a su impiedad e inmoralidad? Dios destruyó la ciudad completamente y todas las ciudades vecinas. Vimos que incluso hoy no hay hombre que reside en ella (Jeremías 50:40) y que la tierra no da cosecha, es estéril y el pasto no crece en ella (Deuteronomio 29:23). Haz un dibujo de cómo se veía Sodoma después que Dios la destruyó en el cuadro a continuación.

**Sodoma**

¿QUÉ crees que Dios quiere que veamos? ¿Qué tal sobre cómo Él lidia con la impiedad y la inmoralidad? Dios usa Sodoma como un ejemplo para mostrarnos cómo Él trata con el pecado.

Busca y lee 1 Corintios 6:9-11.

1 Corintios 6:9 ¿QUIÉN no heredará el reino de Dios?

Los _____

Ahora haz una lista de los que Dios dice que son injustos en los versos 9-10.

_____

_____

Dios nos ha dado el ejemplo de Sodoma y Gomorra para mostrarnos qué sucede cuando continuamos en nuestro pecado. Dios traerá juicio sobre aquellos que son injustos, los impíos, a menos que ellos cambien sus caminos.

- ¿Te ha mostrado Dios algo en tu vida que es pecado?

  ____ Si    ____ No

- ¿Estás dispuesto a cambiarlo, apartarte de ello y no hacerlo

  más? ____Sí ____No

  Si es así, entonces todo lo que necesitas hacer es ir a Dios y decirle lo que has hecho mal y que quieres ser perdonado de ese pecado (1 Juan 1:9).

Ahora di tu verso de memoria en voz alta, para que te acuerdes que Dios te ha escogido. Por lo tanto, guarda Sus caminos haciendo justicia y juicio.

¡Buen trabajo! ¡Es hora de cargar esos vagones y regresar al rancho para que podamos continuar nuestro viaje por la Ruta de Oregón!

# 5

**ABRAHAM CELEBRA**

# GENÉSIS 20-21

¿No fue asombroso manejar un verdadero vagón cubierto por la llanura y acampar al pie de la Roca Chimenea? ¡Ahora sabes qué se siente ser un verdadero pionero!

Al continuar nuestro viaje en esta semana, seguiremos a Abraham cuando él deja el encinar de Mamre y viaja a la tierra del Neguev. Necesitamos descubrir en DÓNDE se establece y QUÉ le sucede allí.

## EL ENGAÑO DE ABRAHAM

"Oye, papá", dijo Max mientras Silvia y él miraban fuera de la ventana de la camioneta. ¿Es eso Scotts Bluff adelante?"

"Así es. ¿Por qué no manejamos a toda velocidad esta vez en lugar de hacer senderismo y pasamos algo de tiempo en los miradores? De esa manera tendremos tiempo para llegar a Wyoming para ver el Fuerte Laramie, el Peñasco del Registro y los Surcos de Guernsey donde todavía existen surcos de hasta metro y medio en algunos lugares".

"Eso suena a una gran idea, ¿pero qué es el Peñasco del Registro?" preguntó Silvia.

La mamá de Silvia respondió: "El Peñasco del Registro era un lugar popular donde los pioneros acampaban y se encontraba a un día de viaje desde el Fuerte Laramie. Los pioneros que pasaban por aquí grababan sus nombres en el peñasco de arenisca, registrando su avance hasta este punto en su viaje en la Ruta de Oregón".

"Vaya, eso es bastante genial", respondió Max. "¿Todavía se pueden ver sus nombres hoy?"

"Sí, sí se pueden ver", replicó Katy, la tía de Max. "Aunque algunas de las firmas han sido erosionadas, existen muchas que aún se pueden ver. Además se pueden ver algunos de los restos de los caminos, junto con algunas de las tumbas de pioneros desconocidos".

"Ahora, ¿por qué Silvia y tú no sacan el mapa de Dios mientras nos dirigimos hasta la cima de Scotts Bluff y descubrimos qué estaba ocurriendo con Abraham?"

"Buena idea", dijo Silvia. "Vamos a orar".

Vamos a la página 177. Lee Génesis 20 y marca las siguientes palabras clave:

Dios (dibuja un triángulo morado y coloréalo de amarillo)

Abraham (coloréalo de azul)

Sueño (dibuja una nube azul)

Nación (coloréala de verde y subráyala con café)

Pecado, pecar (coloréalo de café)

Orar, oró (dibuja orar de morado y coloréalo de rosado)

No olvides marcar cualquier cosa que te indique DÓNDE ocurre algo subrayando el lugar con doble línea de color verde. Y no olvides marcar cualquier cosa que te indique CUÁNDO ocurrió algo dibujando un reloj verde como este: 🕐

Ahora interroguemos con las seis preguntas básicas.

Génesis 20:1 Mira el viaje de Abraham. ¿DÓNDE se detuvo por un tiempo?

_____

Echa un vistazo a tu mapa. Revisa dónde se detuvo Abraham y encierra el lugar con verde.

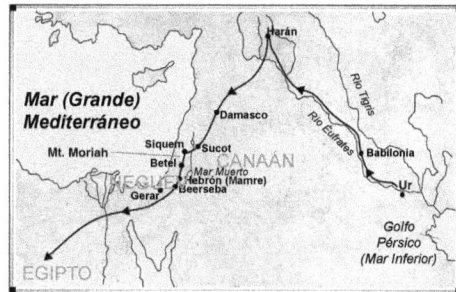

Génesis 20:2 ¿QUÉ le dice Abraham a Abimelec, el rey de Gerar, respecto a Sara?

_____

_____

Génesis 20:2 ¿QUÉ hace Abimelec?

_____

_____

Génesis 20:3 ¿QUÉ hizo Dios?

_____

_____

Génesis 20:3 ¿QUÉ le dijo Dios a Abimelec?

"Tú eres _____ _____ por razón de la mujer

que has tomado, pues está _____".

Génesis 20:4-5 ¿Sabía Abimelec que había hecho lo malo cuando tomó a Sara?

_____

Génesis 20:6 ¿QUÉ respondió Dios?

"Yo sé que en la _____ de tu corazón has

hecho esto. Y además, Yo te _____ de _____

contra mí, por eso no te dejé que la _____".

Génesis 20:7 ¿QUÉ le dijo Dios a Abimelec que hiciera?

_____

Génesis 20:7 ¿QUÉ dijo Dios que Abraham haría por Abimelec?

"Él _____ por ti".

Génesis 20:9-10 ¿QUÉ le preguntó Abimelec a Abraham?

_____

Génesis 20:11 ¿CUÁL fue la respuesta de Abraham?

_____

_____

Génesis 20:14 ¿QUÉ le dio Abimelec a Abraham?

_____

_____

Génesis 20:15 ¿QUÉ le dijo Abimelec a Abraham que hiciera?

_____

Génesis 20:16 ¿QUÉ le dio Abimelec a Abraham como vindicación por Sara?

_____

_____

Génesis 20:17 ¿QUÉ hizo Abraham?

Él _____ a Dios.

Génesis 20:17 ¿QUÉ hizo Dios?

_____

_____

¿Puedes creer que Abraham cometió el mismo error que cometió en Génesis 12? Vemos que aunque Abraham es un hombre justo, él todavía comete errores. ¿No es asombroso observar que Dios nos ama y nos acepta, aunque no seamos perfectos? Nuestra relación con Dios no está basada en nuestras acciones sino en Su amor y misericordia.

¿Notaste la manera en que Dios intervino protegiendo a Sara del error de Abraham? Dios siempre está en control, incluso cuando tomamos el asunto en nuestras propias manos. Mira cómo Dios conocía el corazón de Abimelec y lo guardó de pecar. Dios es un Dios soberano. Él protege Su pacto. ¡Nadie puede frustrar Sus planes!

¡Muy bien! Ahora sal de la camioneta. Hemos llegado al Peñasco del Registro. ¿No son increíbles estos peñascos? ¡Mira! Alguien ha grabado nuestro verso para memorizar en el peñasco, pero lo grabaron al revés.

Necesitas mirar la primera línea de letras, comenzando con la extrema derecha y escribir cada letra de derecha a izquierda en la primera línea a continuación. Luego necesitas hacer lo mismo con las siguientes seis líneas de letras para descifrar este verso. Ahora busca Romanos 4 en tu Biblia para descubrir la cita de estos versos.

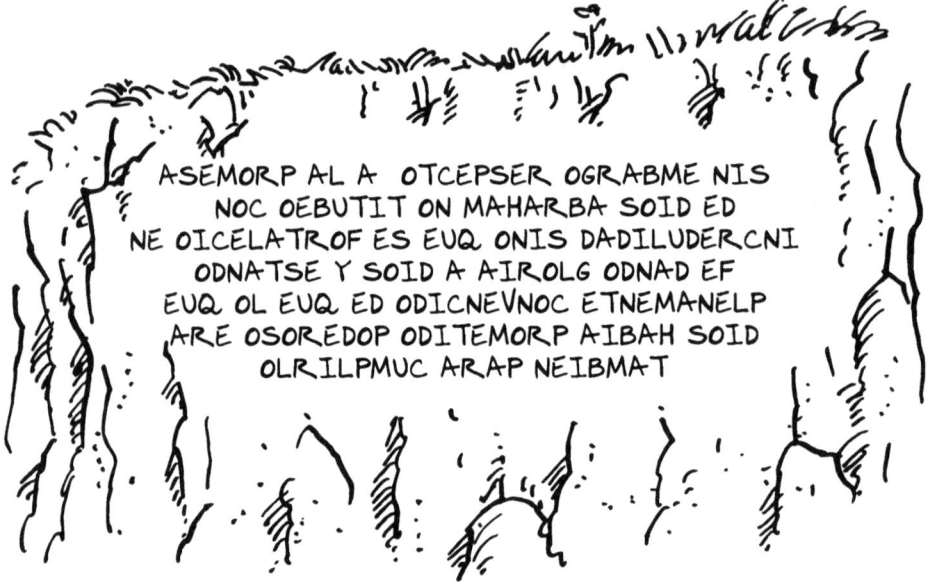

ASEMORP AL A   OTCEPSER OGRABME NIS
NOC OEBUTIT ON MAHARBA SOID ED
NE OICELATROF ES EUQ ONIS DADILUDERCNI
ODNATSE Y SOID A AIROLG ODNAD EF
EUQ OL EUQ ED ODICNEVNOC ETNEMANELP
ARE OSOREDOP ODITEMORP AIBAH SOID
OLRILPMUC ARAP NEIBMAT

_____

_____

_____

_____

_____

_____

_____

Romanos 4:__,__

¡Así se hace! Ahora no te olvides de practicar diciendo este verso, ¿cuántas veces seguidas? _____ ¿Y cuántas veces en este día? _____

## UNA CELEBRACIÓN ESPECIAL

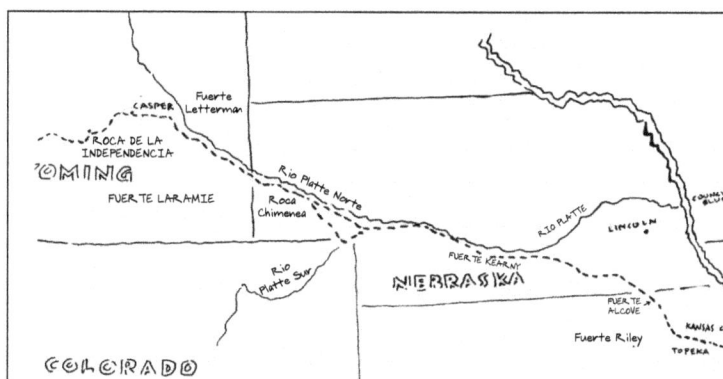

"No puedo creer que hoy es el 4 de Julio, el Día de la Independencia", dijo Max mientras estaban en el camino. "¿Crees que podamos disparar algunos fuegos artificiales esta noche?"

"Absolutamente", respondió el papá de Max. "Estamos planeando hacer un picnic y toda una celebración, así como los pioneros lo hicieron cuando llegaban a la Roca de la Independencia. Los pioneros siempre acampaban y celebraban en la Roca de la Independencia, incluso si no era el 4 de Julio, porque ellos sabían que estaban a la mitad del camino para llegar a Oregón cuando llegaban aquí. Además ellos escalaban hasta la cima de la Roca de la Independencia y grababan sus nombres por todas partes, así como en el Peñasco del Registro".

"¿Ya estamos cerca, tío Lucas?" preguntó Silvia.

"Sí", él respondió. "¿Sabes a qué se parece la Roca de la Independencia?"

"Se parece a una especie de tortuga gigante o una ballena", respondió Silvia a su tío.

"Eso es correcto. Así que mantengan sus ojos bien abiertos. Veamos quién la ubica primero".

"Eso es fácil", dijo la mamá de Silvia riendo. "Entre toda esta tierra desértica, una gigantesca roca con forma de tortuga, en medio de la nada, no debería ser difícil de encontrar".

Ahora mientras estamos atentos para ubicar a la Roca de la Independencia, necesitamos regresar a Génesis 21. Parece que Abraham y Sara también están celebrando un evento especial. ¿QUÉ ha sucedido desde el encuentro de Abraham con el rey Abimelec? Vamos a descubrirlo. Lee Génesis 21:1-21 comenzando en la página 178 y marca las siguientes palabras clave:

Dios (dibuja un triángulo morado y coloréalo de amarillo)

Abraham (coloréalo de azul)

Nación (coloréala de verde y subráyala con café)

Circuncidó (dibuja un cuchillo rojo)

No olvides marcar cualquier cosa que te indique DÓNDE ocurre algo, subrayando el lugar con doble línea de color verde. Y no olvides marcar cualquier cosa que te indique cuándo ocurrió algo, dibujando un reloj verde como este: 🕐

¡Buen trabajo! Mañana continuaremos siguiendo el mapa de Dios al examinar Génesis 21 más detenidamente.

## LA GRAN FIESTA DE ABRAHAM

"¡Vaya! ¡Miren la Roca de la Independencia! ¡Es espectacular! ¿Podemos llevar el picnic y comer en la cima de la roca como lo hicieron algunos pioneros?" preguntó Silvia.

"Esa es una idea muy divertida", respondió Lucy, la tía de Silvia. "Claro, si es que tu mamá y yo podemos llegar a la cima con toda la comida intacta".

"Nosotros ayudaremos", dijo Max ofreciéndose y Chispa ladró en aprobación.

"Entonces comencemos", dijo el papá de Max, al comenzar a bajar la comida del carro.

De repente apareció un destello blanco, café y negro. Max se quedó sorprendido hasta que se dio cuenta lo que había ocurrido. Luego salió corriendo, gritando: "¡Chispa, regresa acá!"

Ahora, mientras Max trata de atrapar a Chispa para que puedan hacer su picnic en la cima de la roca, regresemos a Génesis 21 en la página 178 e interroguemos el texto con las seis preguntas básicas.

Génesis 21:1-3 ¿QUÉ sucedió finalmente para Abraham y Sara?

Sara dio a luz un _____ a Abraham y Abraham lo

llamó _____.

Génesis 21:4 ¿QUÉ hizo Abraham cuando Isaac tenía ocho días de nacido?

Él _____ a su hijo como _____ le había

mandado.

Génesis 21:5 ¿CUÁNTOS años tenía Abraham?

_____ años

¿CUÁNTOS años tenía Sara? (Recuerda que ella tiene diez años menos que Abraham).

_____ años

Génesis 21:6 ¿QUÉ dijo Sara que Dios había hecho por ella?

Génesis 21:8 ¿QUÉ hizo Abraham para celebrar el día que Isaac

fue destetado? Un gran _____

Génesis 21:9 ¿QUÉ vio Sara a Ismael (el hijo de Agar) haciendo

en el banquete? Él estaba _____ de Isaac.

Génesis 21:10 ¿QUÉ le dijo Sara a Abraham que hiciera?

"_____ _____ a esta sierva y a su hijo".

(Encierra estas dos palabras como una sola en la sopa de letras
de la página 120).

¿POR QUÉ? Porque "el hijo de esta sierva no ha de ser

_____ junto con mi hijo Isaac".

Génesis 21:11 ¿CÓMO se sintió Abraham sobre echar a Ismael?

Él estaba _____.

Génesis 21:12-13 ¿QUÉ le dijo Dios a Abraham que hiciera?

Presta _____ a todo lo que Sara te diga, porque

por Isaac será llamada tu descendencia.

Génesis 21:13 ¿QUÉ dijo Dios sobre el hijo de la sierva?

"También del hijo de la sierva haré una _____, por

ser tu descendiente."

Génesis 21:14 ¿QUÉ hizo Abraham?

Se levantó muy de mañana y tomó _____ y un odre de

_____ y se los dio a _____, y le dio al _____,

y los _____.

Génesis 21:14 ¿Por DÓNDE anduvo errante Agar?

En el _____ de Beerseba

Génesis 21:16 ¿QUÉ hizo Agar?

Alzó su voz y _____.

Génesis 21:17 ¿QUIÉN oyó al muchacho (Ismael) llorar?

_____

Génesis 21:17 ¿QUÉ le dijo el ángel a Agar?

"No _____, porque Dios ha _____ la voz del

muchacho en donde está".

Génesis 21:18-19 ¿QUÉ vio Agar cuando Dios abrió sus ojos?

Un pozo de _____.

Génesis 21:20-21 ¿QUÉ ocurrió con Ismael?

Dios estaba con él, que _____ y habitó en el desierto

y se hizo _____. Su madre tomó para él una

_____ de la tierra de _____.

Ahora encuentra la respuesta de cada espacio en blanco y enciérrala en la siguiente sopa de letras. Recuerda, si la palabra se usa más de una vez, solo tienes que encontrarla y encerrarla una vez.

| H | D | B | U | N | T | B | O | R | T | H | A | R | D | O | R | C | A | S | A |
|---|---|---|---|---|---|---|---|---|---|---|---|---|---|---|---|---|---|---|---|
| E | I | L | D | A | I | A | O | R | A | R | S | I | E | R | V | A | T | A | T |
| R | O | I | E | C | A | N | R | U | G | E | L | E | O | N | A | N | A | T | E |
| E | S | C | S | I | C | Q | E | M | U | C | H | A | C | H | O | A | R | N | N |
| D | M | U | E | O | S | U | D | B | U | R | L | A | N | D | O | S | E | U | O |
| O | G | A | R | N | D | E | E | N | A | L | G | E | C | E | L | O | E | D | T |
| D | E | E | T | C | E | T | R | O | P | A | D | N | E | R | T | L | I | A | C |
| A | C | P | L | E | A | E | E | I | R | L | O | A | O | P | R | C | O | R | I |
| I | H | E | C | O | M | L | H | R | E | V | O | C | I | I | N | I | Y | R | O |
| T | A | G | R | S | I | G | A | N | E | I | C | G | A | U | C | I | E | L | O |
| S | F | O | D | I | O | M | A | N | T | E | E | I | C | H | I | N | A | R | E |
| U | U | D | E | I | S | A | T | A | T | O | S | R | D | A | A | G | E | A | R |
| G | E | D | E | U | A | A | M | P | D | R | I | I | A | G | U | C | A | T | S |
| N | R | E | I | L | O | R | N | I | O | C | T | L | C | A | S | O | B | T | A |
| A | A | S | V | A | A | E | Q | M | U | J | E | R | D | V | I | T | R | U | O |
| D | A | E | G | O | I | D | A | U | A | E | E | C | O | S | A | M | E | T | M |
| J | R | D | A | M | E | S | A | S | E | C | E | M | I | I | S | A | A | C | P |
| O | I | D | I | P | S | E | D | R | I | R | T | A | S | R | C | I | A | I | A |
| S | U | S | A | T | H | I | J | O | G | I | O | P | T | D | E | U | S | R | J |
| E | J | A | H | O | P | E | D | E | S | I | E | R | T | O | S | A | N | O | M |

¡Vaya! ¡Finalmente, después de todos esos años, Abraham y Sara han recibido su hijo! Dios ha cumplido Su promesa de pacto en Su tiempo y a Su manera.

¿Alguna vez has tenido que esperar a Dios para que responda tu oración? Después que Dios respondió, ¿viste cómo Su tiempo y Su manera fueron mucho mejores que lo que pudiste haber imaginado? Recuerda, los caminos de Dios son siempre mejores, ¡incluso si es una larga y dura espera!

Ahora ¿estás listo para disparar unos fuegos artificiales con Max, Silvia y Chispa? Ilumina la magnífica creación de Dios mientras practicas tu verso de memoria.

## LA FE DE ABRAHAM

"Estamos en el camino de nuevo", cantaron Max y Silvia al dejar la Roca de la Independencia, dirigiéndose por la carretera con Chispa lamiendo la cara de Max, tratando de hacer que deje de cantar.

Silvia se rió. "Creo que Chispa ya no quiere que cantemos. Tío Lucas, ¿por qué nos salimos de la carretera tan pronto?"

"La Puerta del Diablo es por aquí. Pensé que querrían echar un vistazo antes de dirigirnos al Fuerte Bridger".

"¿Qué es la Puerta del Diablo, papá?" preguntó Max.

"Es un desfiladero de apariencia rugosa tallado en granito sólido por el Río Sweetwater. Los vagones de los pioneros no podían pasar a través del desfiladero, así que tenían que rodearlo por la parte sur. Pero muchos de ellos lo escalaban solamente para examinarlo mejor".

"Oigan, eso suena muy bien", dijo Silvia mientras ellos subían y bajaban por el camino.

Ahora que has visto la Puerta del Diablo y estás de regreso en la carretera otra vez, saquemos el mapa de Dios para descubrir cómo pudieron Abraham y Sara tener un hijo a una edad tan avanzada.

No olvides hablar con tu Jefe de Caravana, luego lee Hebreos 11:11-12 en la página 193.

Ahora regresa a la página 197 y lee Romanos 4:13-25. Marquemos las siguientes palabras clave:

Dios (dibuja un triángulo morado y coloréalo de amarillo)

Jesús (dibuja una cruz morada y coloréala de amarillo)

Abraham (coloréalo de azul)

Sara (coloréala de rosado)

Fe (creer) (dibuja un libro morado y coloréalo de verde)

Contada (coloréalo de naranja)

Promesa (enciérralo en un círculo rojo)

Gracia (dibuja un cuadro amarillo y píntalo de azul)

Ley (dibuja tablas negras)

¡Muy bien! Ahora, hagamos una lista a continuación de lo que hemos aprendido tanto de Hebreos como de Romanos acerca de Abraham, Sara, Dios y Jesucristo.

### Abraham

Hebreos 11:12 Él estaba como _____ cuando tuvo a

Isaac. (Eso significa que su cuerpo había pasado su

etapa para tener hijos).

Su descendencia fue como las _____ del cielo en

número e innumerable como la _____ que está a

la orilla del mar.

Romanos 4:13 La _____ a Abraham no fue hecha por

medio de la _____, sino por medio de la justicia de la

____.

Romanos 4:16 Por eso es por ____, para que esté de acuerdo con

la g __ __ __ __ __, a fin de que la _____ sea

firme para toda la posteridad, no sólo a los que son de

la Ley, sino también a los que son de la ____ de

Abraham, quien es _____ de todos nosotros.

Romanos 4:17-18 Él _____ en esperanza contra esperanza.

Romanos 4:19 Y sin _____ en la fe contempló su

propio cuerpo, que ya estaba como muerto puesto que

tenía como _____ años.

Romanos 4:20 No titubeó con _____, sino que

se _____ en fe, dando _____ a

Dios.

Romanos 4:22 Su fe le fue contada por _____.

### Sara

Hebreos 11:11 Por la ____ Sara misma recibió fuerza

para _____, aun pasada ya la _____

_____, pues consideró _____ a Aquél

que lo había _____.

Romanos 4:19 Su matriz estaba e __ __ __ __ __ l.

### Dios

Hebreos 11:11 Dios es f __ __ l.

Dios p __ __ __ __ __ __ ó.

Romanos 4:17 Dios hizo a Abraham el padre de _____

_____.

Dios da _____ a los muertos y llama las cosas que ____ _____,

como si _____.

Romanos 4:21 Dios es poderoso para c __ __ __ __ __ __ lo que ha

prometido.

Romanos 4:24 Dios levantó de los _____ a _____

nuestro Señor.

### Jesucristo

Romanos 4:24 Jesús fue l __ __ __ __ __ __ __ __ de los _____.

Romanos 4:25 Jesús fue _____ por causa de nuestras

_____, y resucitado para nuestra

_____.

¿No es asombroso ver que no importaba qué tan viejos eran Abraham y Sara para tener hijos porque nada es imposible para Dios? ¿No te encantan estos versos de Romanos 4:18-21 donde dice que él creyó en esperanza contra esperanza, que él no titubeó con

incredulidad sino que se fortaleció en fe, dando gloria a Dios, estando plenamente convencido que de Dios era poderoso para cumplir lo que había prometido? ¡Qué asombrosa fe!

¡No hay duda de por qué Abraham es llamado el amigo de Dios! ¿QUÉ aprendiste sobre Jesús? Mira cómo Él fue entregado para rescatarnos del pecado para que podamos estar bien con Dios. ¡Vaya lección de bendiciones!

¡Por QUÉ no tomas un momento solo para dar gracias a Dios por ser fiel y por siempre cumplir Sus promesas!

## CORTANDO UN PACTO

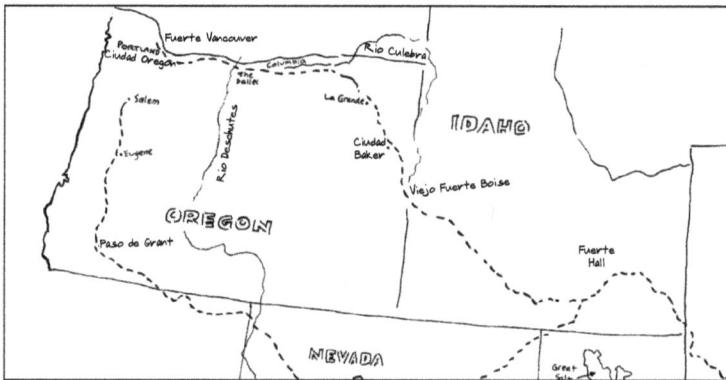

"Oigan, chicos", dijo el papá de Silvia cuando la camioneta se detuvo en Hooper Spring en Soda Springs, Idaho. "¡Hemos llegado! ¿Están listos para probar las burbujeantes aguas minerales?"

"¡Sí! ¡Llegaré antes que tú, Silvia!" dijo Max mientras salió de la camioneta de un brinco y empezó a correr al manantial. "Esto es estupendo. Mira todas esas burbujas".

"Ten, Max", dijo la mamá de Max al pasarle su copa de hierro esmaltado. "Sumerge tu copa en el agua y pruébala".

"¡Ugh!" dijo Max al tomar un sorbo e hizo una mueca. "¡Esta cosa es terrible! ¿A los pioneros realmente les gustaba beber esto?"

"Déjame probar", dijo Silvia, tomando un cauteloso sorbo de la copa de Max. "Oooh, eso realmente sabe muy raro. ¿Qué hay en esta agua?"

"Veamos, silicio, hierro, calcio, magnesio y bicarbonatos", dijo su mamá riéndose. "Muchas cosas buenas".

"No lo creo", dijo Max. "Oigan, veamos si Chispa la prueba. Él prueba lo que sea". Max sostuvo a Chispa mientras Silvia intentó darle de beber el agua de la copa. Chispa simplemente la olfateó y la rechazó. "Vamos, Chispa", dijo Max riéndose, "te gustará. Sé que te gustará".

Todos se rieron cuando Chispa saltó fuera de los brazos de Max y empezó a olfatear los alrededores del manantial. "Creo que finalmente hemos encontrado algo que ni siquiera Chispa probaría", dijo el papá de Max.

Mientras nos tomamos un descanso en el manantial, saquemos el mapa de Dios y terminemos de leer y marcar las palabras clave de Génesis 21.

¿Has orado, valiente explorador? Entonces ve a las páginas 180-181. Lee Génesis 21:22-34 y marca las siguientes palabras clave:

Dios (dibuja un triángulo morado y coloréalo de amarillo)

Abraham (coloréalo de azul)

Pacto (dibuja un cuadro amarillo y coloréalo de rojo)

No olvides marcar cualquier cosa que te indique DÓNDE ocurre algo, subrayando el lugar con doble línea de color verde. Y no olvides marcar cualquier cosa que te indique cuándo ocurrió algo dibujando un reloj verde como este:

Génesis 21:22 ¿QUIÉN habló a Abraham?

_____ y _____, el jefe de su ejército.

Génesis 21:22 ¿QUÉ le dicen a Abraham?

"_____ está contigo en _____ lo que haces".

¿No es ese un asombroso testimonio?

Génesis 21:23 ¿QUÉ quería Abimelec?

Que Abraham _____ por Dios que él no obraría

_____ con él, o con su _____,

o con su _____, sino que le mostraría la misma

_____ que él le había mostrado a Abraham

en la tierra en que había residido.

Génesis 21:24 ¿QUÉ dice Abraham?

_____

Génesis 21:25 ¿CUÁL es la queja de Abraham?

_____

Génesis 21:26 ¿Sabía Abimelec de este problema?

_____

Génesis 21:27 ¿QUÉ le dio Abraham a Abimelec?

_____

Génesis 21:27 ¿QUÉ hacen ellos?

_____

Génesis 21:28 ¿QUÉ hace Abraham?

_____

Génesis 21:30 ¿QUÉ significaba esto?

_____

Génesis 21:31 ¿POR QUÉ se llama este lugar Beerseba?

_____

Génesis 21:32 ¿QUÉ sucedió después que hicieron el pacto?

_____

Génesis 21:33 ¿QUÉ hizo Abraham?

Él _____ un _____ en Beerseba y allí

invocó el _____ del _____, el Dios

_____.

Génesis 21:34 ¿CUÁNTO tiempo se quedó Abraham en la tierra de los filisteos?

_____

    ¿Notaste que después que Abraham cortó un pacto con Abimelec, él planta un tamarisco e invoca el nombre del Señor? Este es el primer uso del nombre _El Olam_, mostrando a Dios como el Dios Eterno. ¿No es asombroso ver cómo Abraham continúa descubriendo el carácter y los caminos de Dios?

    ¿Por qué no pasas unos minutos pensando sobre lo que has visto acerca de Dios?

    Ahora al tomar asiento junto al géiser y mientras esperamos que haga erupción, ¡dile tu verso para memorizar en voz alta a un adulto! ¡Estamos muy orgullosos de ti!

# 6

## LA PRUEBA DE LA FE DE ABRAHAM

# GÉNESIS 22-25:18

Al viajar por el país siguiendo a los pioneros en la Ruta de Oregón, hemos visto muchas dificultades y pruebas que ellos tuvieron en el camino.

Al continuar siguiendo a Abraham en su viaje de fe en esta semana, lo veremos enfrentar la más grande dificultad en su vida cuando Dios decide probar la fe de Su valiente explorador. ¿Realmente teme Abraham a Dios? ¿Confiará en Él y obedecerá?

## DIOS PRUEBA A ABRAHAM

"Miren", dijo Max, al ver el enorme parque acuático con un trampolín de tres metros de altura para hacer clavados. "Vayamos ahí. ¡Se ve increíble!"

La mamá de Max sonrió y dijo: "¿Adivina qué? Iremos, justo después de visitar las aguas termales".

"¿Qué son las aguas termales?" preguntó Silvia.

"Las aguas termales son piscinas de aguas cálidas que nacen de un volcán. Estas aguas están llenas de minerales, como el agua que probaste en Soda Springs. Pero el agua de estas fuentes es muy cálida. La temperatura oscila entre 38 y 40 grados centígrados. Es como una tina de agua caliente natural donde puedes usar tu traje de baño y bañarte en estas burbujeantes aguas minerales".

"Eso suena estupendo", respondió Silvia. "Pero Max tiene razón. Ese parque acuático se ve increíble. ¿Vieron todos esos toboganes?"

"Sí, los vimos", contestó la mamá de Silvia. "¿Vieron también a esos niños yendo río abajo en unos neumáticos? Después de bañarnos en las aguas termales, nos montaremos en unos neumáticos y flotaremos río abajo hacia el complejo de piscinas".

"¿En serio?" dijo Max prácticamente gritando. "¡Qué bien! Chispa, tendrás la aventura de tu vida".

La mamá de Max se rió. "No sé si pueda lidiar con Chispa flotando río abajo en un neumático, pero haré el intento. Iremos a las aguas termales justo después de nuestro picnic".

Ahora descubramos qué estaba pasando con Abraham después de hacer un pacto con Abimelec e invocar el nombre de Dios.

Muy bien, valiente explorador, ¿estás listo para continuar tu viaje? Entonces oremos y vayamos a la página 181. Lee Génesis 22 y marca las siguientes palabras clave:

Abraham (coloréalo de azul)

Probó (subráyalo de naranja)

Amor (dibuja un corazón rojo)

Proveer (enciérralo con azul y coloréalo de verde)

Adorar (enciérralo usando morado y coloréalo de azul)

Obedecido (enciérralo en naranja y coloréalo de amarillo)

Bendecir (dibuja una nube azul y coloréala de rosado)

Naciones (coloréala de verde y subráyala de café)

No olvides marcar cualquier cosa que te indique <u>DÓNDE</u> ocurre algo, subrayando el lugar con doble línea de color verde. Y no olvides marcar cualquier cosa que te indique cuándo ocurrió algo, dibujando un reloj verde como este: 🕐

Ahora descubramos lo que ocurrió.

Génesis 22:1 ¿Qué hizo Dios después de estas cosas?

Dios _____ a Abraham.

Génesis 22:1 ¿Cuál fue la respuesta de Abraham cuando Dios lo llamó?

_____

Génesis 22:2 ¿Qué le dijo Dios a Abraham que hiciera?

"_____ ahora a tu _____, tu _____,

a quien _____, a _____, y ve a la tierra

de _____, y _____ allí en

_____ sobre uno de los montes

 que Yo te diré."

Busca y lee Juan 3:16. ¿QUIÉN es el unigénito Hijo de Dios?

_____

Génesis 22:3 ¿CÓMO respondió Abraham? ¿QUÉ fue lo que hizo?

_____

_____

_____

Génesis 22:4 ¿CUÁNTOS días le tomó a Abraham llegar al lugar?

_____

Génesis 22:5 ¿QUÉ les dijo Abraham a sus criados?

"_____ aquí con el asno. Yo

y el _____ iremos hasta allá,

_____ y _____

a ustedes".

Génesis 22:6 ¿QUÉ puso Abraham sobre Isaac?

_____

Busca y lee Juan 19:17. ¿QUÉ cargó Jesús?

Su propia _____

Génesis 22:6-7 ¿CUÁL fue la pregunta de Isaac a Abraham?

_____

_____

Génesis 22:8 ¿CUÁL fue la respuesta de Abraham?

"_____ proveerá para sí el _____

para el holocausto, hijo mío."

Génesis 22:9-10 ¿QUÉ hizo Abraham?

_____

_____

_____

Génesis 22:11-12 ¿QUÉ le dijo el ángel del Señor a Abraham?

"No _____ tu _____ contra el

muchacho, ni le _____ nada. Porque ahora

sé que _____ a _____, ya que no Me has

_____ tu _____, tu _____."

Génesis 22:13 ¿QUÉ vio Abraham?

_____

¿QUÉ hizo con este carnero?

_____

Busca y lee Juan 3:16 de nuevo. ¿QUÉ entregó Dios como sacrificio por nuestros pecados?

_____

Busca y lee Juan 1:29. ¿QUIÉN es Jesús?

El _____ de Dios

Génesis 22:14 ¿CÓMO llamó Abraham a ese lugar?

_____

Génesis 22:15-17 ¿QUÉ le dijo el ángel del Señor a Abraham que el Señor haría porque Abraham no se rehusó a darle su único hijo?

"…de cierto te _____ grandemente,

y _____ en gran manera tu

_____ como las _____

del cielo y como la _____ en la orilla del mar, y tu

_____ poseerá la _____ de sus

enemigos".

Génesis 22:18 ¿POR QUÉ serían bendecidas todas las naciones de la tierra?

_____

Génesis 22:19 ¿DÓNDE vivía Abraham?

_____

¡Vaya! ¡Qué obediencia! ¡Qué increíble fe! Después de esperar 25 años a que Dios le diera este hijo de la promesa, Dios le dice a Abraham que sacrifique al único hijo que amaba.

¿Notaste cómo él obedeció inmediatamente? No hubo resistencia. Él no discutió. Él no preguntó por qué. Él solo se levantó el siguiente día y obedeció. Dios usa la palabra *amor* aquí por primera vez en la Biblia para mostrar a un padre ofreciendo a su único hijo.

¿Te recuerda esto a otro Padre que ofreció a Su único Hijo? ¿Notaste que el cuadro de Abraham ofreciendo a su único hijo es una figura de lo que Dios hizo por nosotros? Isaac era el único hijo de Abraham, el hijo de la promesa y Jesús era el unigénito Hijo de Dios. Isaac cargó su propia leña para el sacrificio, así como Jesús cargó la cruz en la cual fue crucificado. Dios proveyó un carnero para tomar el lugar de Isaac, mientras que Jesús fue el Cordero que fue sacrificado en nuestro lugar para pagar por nuestros pecados. ¿No es eso extraordinario?

Dios probó a Abraham. Pero ¿cómo lo llamó Abraham? Mira Génesis 22:5. ¿QUÉ dijo Abraham que él y el muchacho irían a hacer? Adorar. ¿Sabes qué es la adoración? La adoración significa reverenciar a Dios. Se trata de inclinarse delante de Dios porque reconoces que Él es Dios y que Él debe ser respetado. Se trata de reconocer el valor de Dios, honrar a Dios como Dios.

Abraham adoró a Dios. Él no retuvo nada. Simplemente confió y obedeció.

¿QUÉ hay de ti?

- ¿Demuestra la manera en que vives, que Dios está en el primer lugar de tu vida? ¿Hay algo que estés rehusando entregarle a Dios? ¿Has puesto algo más en el lugar que Dios merece?

Adorar verdaderamente a Dios significa estar dispuesto a decir: "Te amo. Confío en Ti. Te honraré y Te respetaré. Te obedeceré y haré lo que Me pidas".

Piensa en tu relación con Dios y pasa tiempo con Dios en oración en este día.

Ahora mientras navegas río abajo en un flotador, necesitas descubrir tu verso para memorizar. Echa un vistazo a la imagen de los flotadores a continuación. Encuentra las palabras faltantes en los flotadores que entren en los espacios en blanco para completar tu verso de memoria.

Y se _ _ _ _ _ _ _ _ la _ _ _ _ _ _ _ _ _ _ que dice:

"Y _ _ _ _ _ _ _ _ _ _ _ _ _ a Dios y le fue

_ _ _ _ _ _ _ _ por _ _ _ _ _ _ _ _ _ _," y fue llamado

_ _ _ _ _ _ de Dios.

Santiago 2:____

## EL SALÓN DE LA FE DE DIOS

"Ayer la pasamos genial, papá", dijo Max. "Gracias".

"De nada, hijo", respondió su papá con una sonrisa en su rostro.

"¿Por qué estás sonriendo?" preguntó Max.

"Oh, estaba recordando cuando Chispa empezó a dar vueltas en ese flotador después de que ese niñito se chocó contigo y ustedes dos se separaron".

Silvia empezó a reírse. "Sí, Chispa comenzó a ladrar y luego se metió al río tratando de nadar contra la corriente. Eso fue muy divertido".

"¿Podrías imaginar cómo hubiera estado Chispa en el Cruce de las Tres Islas con los pioneros?" preguntó Guillermo, el papá de Silvia.

"Probablemente se hubiera echado del vagón al río y hubiera alterado a los caballos", respondió Lucas. "Ese era un cruce bastante duro para los pioneros con todas esas fuertes corrientes".

"¿No es ahí donde vamos hoy, papá?" preguntó Max.

"Así es. De hecho, estaremos ahí para cuando ellos recreen el cruce que los pioneros hicieron".

"¡Genial!" exclamaron Silvia y Max. "¡No podemos esperar!"

Ahora, mientras te diriges al Cruce de las Tres Islas, nuestra última parada en Idaho, saquemos el mapa de Dios. Necesitamos examinar la referencia cruzada en Hebreos para descubrir qué tiene Dios que decir sobre Abraham en este gran "salón de la fe".

Ve a la página 193. Lee Hebreos 11:8-19 y marca las siguientes palabras clave:

Dios (dibuja un triángulo morado y coloréalo de amarillo)

Abraham (coloréalo de azul)

Sara (coloréala de rosado)

Fe, creer (dibuja un libro morado y coloréalo de verde)

Obedeció (enciérralo en naranja y coloréalo de amarillo)

Promesa (enciérrala de rojo)

Probado (subráyala de naranja)

Ahora resuelve el crucigrama.

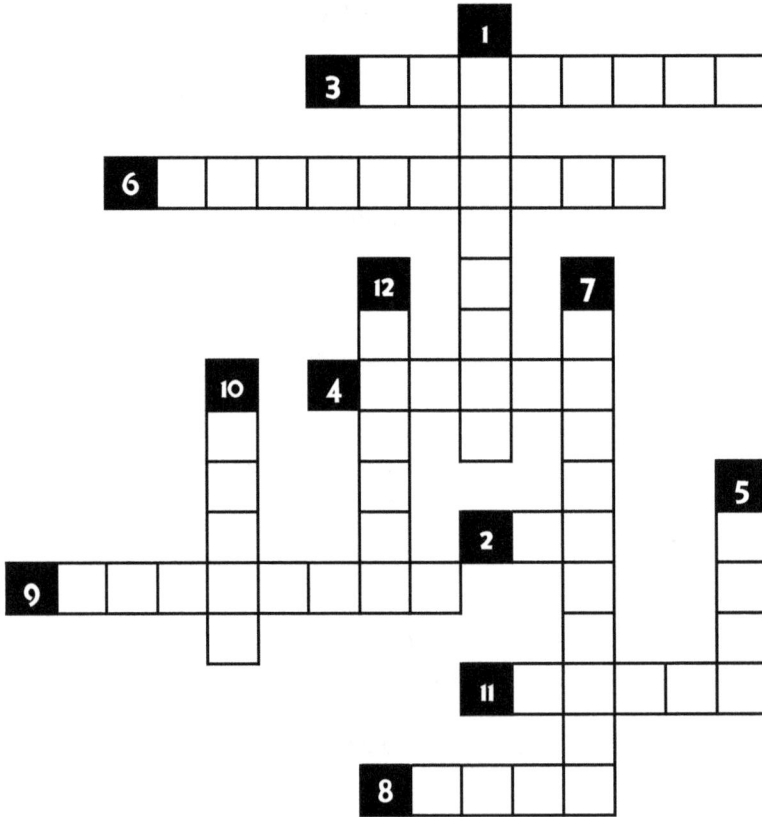

Hebreos 11:8 ¿QUÉ hizo Abraham cuando fue llamado?

1. (Vertical) Él _____.

   Hebreos 11:17 ¿CÓMO ofreció Abraham a Isaac cuando fue probado?

2. (Horizontal) Por la _____

   Hebreos 11:17 ¿QUÉ había recibido Abraham?

3. (Horizontal) Las _____

   Hebreos 11:17 ¿QUÉ estaba ofreciendo?

4. (Horizontal) Su _____     5.  (Vertical) _____

   Ahora echa un vistazo a Génesis 22:5. ¿QUÉ le dijo Abraham a sus criados? "Quédense aquí con el asno. Yo y el muchacho iremos hasta allá,

6. (Horizontal) _____ y

7. (Vertical) _____ a ustedes".

   Este verso nos muestra que Abraham sabía que Isaac era el hijo de la promesa. Abraham obedecería a Dios al sacrificar a su hijo, pero él sabía que Isaac y él regresarían. ¿Cómo lo sabía?

Regresa a Hebreos 11:19. ¿QUÉ consideró Abraham?

8. (Horizontal) Que _____ era poderoso para

9. (Horizontal) _____ aun de entre los muertos.

   Ahora busca y lee Santiago 2:20-26 para terminar tu crucigrama.

   Santiago 2:22 ¿CÓMO fue perfeccionada la fe?

10. (Vertical) Como resultado de las _____

(Eso quiere decir que cuando tenemos fe, se hará evidente por lo que hacemos).

Santiago 2:23 ¿CÓMO fue llamado Abraham?

11. (Horizontal) _____ de Dios

Santiago 2:26 ¿CÓMO está la fe sin obras?

12. (Vertical) _____

¿Ves cómo este pasaje en Santiago encaja con lo que ocurrió en Génesis 22:12? Las obras de Abraham, su disposición de extender su mano para sacrificar a su único hijo, demostró su fe en Dios. Abraham sabía que Dios guardaría Sus promesas y que si él mataba a Isaac, entonces Dios lo levantaría de entre los muertos porque la promesa del pacto era a través de Isaac. Él era el hijo de la promesa. ¿No es esa fe asombrosa?

¿QUÉ hay de ti? ¿Pueden los demás ver tu fe por la manera en que vives y por las cosas que haces?

Es por eso que Abraham fue llamado amigo de Dios. ¿Quieres ser un amigo de Dios? Entonces camina como Abraham lo hizo. Confía y obedece. Deja que tu fe sea visible por tus obras.

JEHOVÁ-YÍREH

Cuando la camioneta se detuvo en el parque de Farewell Bend en Oregón, Max y Silvia comenzaron a celebrar. Chispa, sin querer quedarse fuera de la acción, ladraba y saltaba de asiento en asiento.

"¡Chispa!" dijo Lucas cuando Chispa trató de saltar en sus piernas y ayudar a manejar la camioneta. "Bájate, muchacho, antes que me des un infarto. Ya llegamos, familia. Nuestra primera parada en el estado de Oregón, Farewell Bend".

"¿Por qué se le llama Farewell Bend, papá?" preguntó Max.

"Porque este es el lugar donde los pioneros se despedían del Río Snake al comenzar su viaje por Oregón".

"Es realmente hermoso", dijo la mamá de Max. "Bien, todos, salgamos y armemos nuestro campamento. Luego podemos pasar tiempo con Dios dándole gracias por proveernos con un viaje seguro".

"Miren esas montañas. ¡Dios es un Creador asombroso! ¿Han notado cuán especial es toda Su creación a medida que hemos viajado por diferentes partes del país?" dijo el papá de Max.

Ahora, mientras nos sentamos junto al río, rocíate un poco de ese repelente de insectos. Los mosquitos están picando. Luego regresemos a Génesis.

Ve a la página 181. Lee Génesis 22. Ahora mira en tu Registro de Observaciones donde marcaste la palabra clave *proveer*. Haz una lista de todo lo que veas sobre esta palabra.

*Proveer*

Génesis 22:8 _____ proveerá para sí el _____

para el _____.

Génesis 22:14 Y Abraham llamó aquel lugar con el nombre de

El _____ _____, como se dice hasta hoy:

"En el _____ del _____ se _____."

Ahora haz un dibujo de este acto de provisión. Muestra a Isaac en el altar mientras Abraham se fija en el carnero en el matorral, que Dios proveyó para que tomara el lugar de su hijo.

**El Señor Proveerá**

La palabra hebrea para "el Señor proveerá" es *Jehová-yireh*. ¿No es asombroso saber que Dios es nuestro Proveedor? "En el monte del Señor se proveerá". Dios proveyó un carnero para que Abraham sacrificara en lugar de Isaac.

Descubramos QUÉ ha provisto Dios para nosotros. Busca y lee Juan 3:16-17.

Juan 3:16 ¿A QUIÉN proveyó Dios como sacrificio?

_____

¿POR QUÉ proveyó Dios este sacrificio?

_____

Si creemos en Jesús, ¿QUÉ tendremos?

_____

Juan 3:17 ¿Para QUÉ envió Dios a Jesús al mundo?

_____

Ahora busca y lee Juan 1:29.

Juan 1:29 ¿QUÉ dijo Juan cuando él vio a Jesús viniendo hacia él?

"Ahí está el _____ de _____ que quita el

_____ del mundo".

¿Ves cuánto te ama Dios? Él entregó voluntariamente a Su Hijo unigénito para que muriera en tu lugar, para que no perecieras ni vivieras en el lago de fuego preparado para el diablo y sus ángeles para siempre. Dios proveyó a Jesús, el Cordero de Dios, para que muriera en nuestro lugar pagando por nuestros pecados. Dios proveyó una vía de escape para nosotros.

Haz un dibujo de la provisión de Dios para nosotros a continuación.

<br><br><br><br><br><br><br><br><br><br><br>

*Dios provee un Cordero*

¿Sabías que un holocausto era una ofrenda voluntaria? Era una ofrenda que debía ser hecha por amor como un acto de adoración. Es la ofrenda que Noé ofreció a Dios después del diluvio, para adorarlo (Génesis 8:20).

En Génesis 22:13, vemos a Abraham ofreciendo a Isaac como un holocausto.

Ahora usemos el mapa de Dios para buscar y leer Levítico 1 para averiguar sobre el holocausto.

Levítico 1:4 ¿Para QUÉ era el holocausto?

E \_\_ \_\_ \_\_ \_\_ \_\_ \_\_ n (cubrir un pecado)

¿No es asombroso ver que así como un holocausto era hecho voluntariamente para expiación, Jesús voluntariamente puso Su vida en el altar para ser sacrificado y hacer expiación para todos nosotros?

¡Por qué no te tomas un tiempo para adorar a Dios, tu Jehová-yireh, agradeciéndole por el gran precio que Él pagó por tus pecados porque Él te ama! Alábalo por proveer para todas tus necesidades.

¡Fantástico! ¡Tu viaje está casi completo!

## SARA

"Mamá, ¿Dónde fueron los pioneros después de Farewell Bend?" preguntó Max.

"Veamos, después de Farewell Bend ellos tuvieron que viajar por el Cañón Burnt River, el cual era un enorme obstáculo", respondió ella.

"¿Qué clase de obstáculo, tía Lucy?" preguntó Silvia.

"El cañón era muy serpenteado y aunque no era tan malo como algunos de los otros lugares en la ruta, algunas veces le tomaba a los vagones seis días solo pasar por el cañón. A esas alturas la comida era muy escasa para los pioneros y su ganado".

"Apuesto que estaban cansados de su largo viaje", agregó Silvia.

"Sí, ellos estaban sucios, cansados, hambrientos y algunos estaban abatidos después de haber perdido amigos y familia en el camino. Ellos estaban más que listos para llegar a la Ciudad de Oregón", respondió la mamá de Max.

"Me pregunto si Abraham alguna vez se cansó de moverse por la tierra", dijo Silvia.

"Seguramente sí", respondió su mamá. "Pero Abraham estaba dispuesto a ir fielmente adonde sea que Dios lo guiara. ¿Por qué no sacamos el mapa de Dios y leemos Génesis 23 para descubrir dónde estaba Abraham y qué estaba ocurriendo?"

Ve a la página 183. Lee Génesis 23 y marca las siguientes palabras clave:

Abraham (coloréalo de azul)

Sara (coloréala de rosado)

No olvides marcar cualquier cosa que te indique DÓNDE ocurre algo, subrayando el lugar con doble línea de color verde. Y no olvides marcar cualquier cosa que te indique cuándo ocurrió algo, dibujando un reloj verde como este: 🕒

Génesis 23:1-2 ¿QUÉ le ocurre a Sara?

_____

Génesis 23:1 ¿CUÁNTOS años tenía?

_____

Génesis 23:2 ¿DÓNDE murió ella?

_____

¿QUÉ hizo Abraham?

_____

Génesis 23:7-9 ¿QUÉ quería comprar Abraham?

_____

Génesis 23:19 ¿DÓNDE sepultó Abraham a Sara?

_____

El valiente explorador de Dios acababa de perder a su esposa, como ocurrió con muchas personas en la Ruta de Oregón. Ahora busquemos 1 Pedro 3:1-6 para descubrir qué podemos aprender del ejemplo de Sara. Estas son cosas buenas para recordar porque algún día podrías ser una esposa o tener una esposa.

1 Pedro 3:1 ¿CÓMO deben estar las esposas con sus esposos?

_____

¿POR QUÉ?

_____

1 Pedro 3:2 ¿QUÉ clase de comportamiento debe tener una esposa?

_____

1 Pedro 3:4 ¿QUÉ es precioso delante de Dios?

_____

1 Pedro 3:5-6 ¿Era Sara un buen ejemplo?

_____

1 Pedro 3:6 ¿QUÉ hizo Sara?

_____

¡Así se hace! Ya casi estás al final del camino. ¡No olvides practicar tu verso para memorizar!

## ABRAHAM, EL AMIGO DE DIOS

"¡Miren, llegamos!" gritó Silvia. "¡Lo hicimos! Estamos en la Ciudad de Oregón. ¡Llegamos hasta el final de la ruta!"

"¡Apuesto que llego al final antes que tú!" gritó Max al correr hacia el letrero que decía "Final de la Ruta de Oregón" que estaba junto a un museo de 15 metros de altura que parecía un vagón cubierto.

"¡Llegué al final de la ruta primero!" dijo Max riéndose. "Vamos adentro".

Mientras su guía les exponía una presentación visual, ella pasó entre el público un pedazo de excremento falso de búfalo para que las visitas tocaran. "¡No tocaré eso!" declaró Silvia, enseguida Max se la pegó en la palma de la mano.

"Demasiado tarde", dijo con una carcajada. "Debes experimentar toda la Ruta de Oregón".

"¡Qué asco, Max! Me alegra mucho no ser una pionera. No me gustaría reunir todo esto a lo largo del país". Todos ser rieron mientras terminaban su recorrido y luego salieron a tomar helado para celebrar el final de la ruta.

Ahora mientras tomas helado, terminemos nuestro viaje con Abraham. Vamos a Génesis 25. (Nos saltaremos Génesis 24 debido a que se trata sobre Isaac. Aprenderemos sobre él en nuestra próxima aventura).

Averigüemos lo que sucede después de que Sara muere. Ve a la página 191 y lee Génesis 25:1-18. Marca las siguientes palabras clave:

Dios (dibuja un triángulo morado y coloréalo de amarillo)

Abraham (coloréalo de azul)

Bendecir (dibuja una nube azul y coloréala de rosado)

No olvides marcar cualquier cosa que te indique <u>DÓNDE</u> ocurre algo, subrayando el lugar con doble línea de color verde. Y no olvides marcar cualquier cosa que te indique cuándo ocurrió algo, dibujando un reloj verde como este:

Génesis 25:1 ¿QUÉ hace Abraham?

_____

¿CUÁL es su nombre?

_____

Génesis 25:2 ¿QUIÉNES eran sus hijos?

_____

Génesis 25:5 ¿A QUIÉN le dio Abraham todo lo que poseía?

_____

¿Sabes por qué? Porque la promesa de Dios de la herencia era por medio de Isaac, el hijo de la promesa.

Génesis 25:6 ¿QUÉ hizo Abraham por los otros hijos mientras él seguía vivo?

_____

¿ADÓNDE envió Abraham a estos otros hijos?

_____

Génesis 25:7 ¿CUÁNTOS años tenía Abraham?

_____

Génesis 25:8 ¿QUÉ le sucede a Abraham?

_____

¿Habías oído de esto antes? Recuerda la profecía de Dios respecto a la vida de Abraham en Génesis 15:15.

Génesis 25:8 ¿QUÉ vemos sobre Abraham?

Él estaba _____ de días.

Génesis 25:9-10 ¿DÓNDE lo enterraron Isaac e Ismael?

_____

Génesis 25:11 ¿QUÉ hizo Dios después que Abraham falleciera?

_____

Génesis 25:16 ¿QUÉ vemos sobre los hijos de Ismael?

Estos hijos son _____ _____ según sus tribus.

¿Profetizó Dios que él tendría doce príncipes?

_____

Génesis 25:17 ¿CUÁNTOS años tenía Ismael cuando murió?

_____

Génesis 25:18 ¿QUÉ vemos sobre Ismael?

Él se estableció allí _____ a todos sus parientes.

¿Recuerdas la profecía que fue dada a Agar sobre Ismael en

Génesis 16:11-12? ¿Se cumplió? _____

Regresa al árbol genealógico de Abraham en la página 13 y agrega la nueva esposa de Abraham y sus seis hijos.

Ahora echemos un último vistazo a cómo es recordado Abraham por sus descendientes. Busca y lee 2 Crónicas 20:7.

¿CÓMO llama Josafat a Abraham?

_____

Busca y lee Isaías 41:8.

¿CÓMO llama Dios a Abraham?

_____

Ahora busca y lee Santiago 2:23, tu verso para memorizar de esta semana.

¿POR QUÉ fue llamado Abraham amigo de Dios?

_____

¿CÓMO serás recordado tú? ¿Serás recordado como un amigo de Dios?

Busca y lee Juan 15:13-16.

Juan 15:14 ¿CÓMO puedes ser amigo de Jesús?

_____

Abraham creyó en las promesas de Dios y a pesar de que Abraham no era un hombre perfecto, él fue contado (declarado) como justo por Dios debido a su fe. Él vivió una vida de obediencia y fe. Él era un amigo de Dios.

## EL FINAL DE LA RUTA

¡Excelente! ¡Lo lograste! ¡Has llegado al final de la ruta! Qué asombroso viaje, pues acampamos a lo largo de los Estados Unidos. Mira todo lo que hemos descubierto sobre el valiente explorador de Dios, Abraham. ¡Vaya hombre de fe y obediencia!

Al seguir las pisadas del valiente explorador de Dios, vimos que él cometió algunos errores muy grandes, pero él siguió adelante. Él regresó al Señor para invocar Su nombre, adorarlo y continuar su viaje de fe.

¿No fue asombroso ver a nuestro valiente explorador creer en las promesas de Dios y tener esa fe contada como justicia? Vimos cómo Abraham fue salvo.

Tan solo mira todo lo que hemos aprendido sobre Dios al descubrir que todo lo que Dios hace está basado en un pacto. Dios siempre cumple Sus promesas. ¡Él es un Dios asombroso! Dios es El Elyon, Él es soberano; Él está en control de todas nuestras circunstancias. Dios es El Roí, Él ve. No podemos huir o escondernos de Él.

Dios es El Shaddai, el Dios Todopoderoso. Él es el fuerte, Él es todo suficiente ¡y nada es demasiado difícil para Él! Dios es El Olam, el Dios Eterno y Dios es Jehová-yireh, nuestro Proveedor. Él ha provisto salvación para ti y para nosotros.

Al llegar al final del camino, observamos a Dios probar la fe de Abraham. Abraham no rehusó entregar nada a Dios, ni siquiera rehusó a su único hijo que fue prometido por Dios. ¿No fue asombroso descubrir que Dios nos amó tanto que sacrificó a Su Hijo para que podamos tener vida eterna? ¿Has aceptado este regalo de salvación? ¿Eres un hijo de la promesa? ¿Eres amigo de Dios? ¿Confías en Él y Le obedeces?

Al continuar tu viaje de la fe, continúa estudiando la Palabra de Dios. ¡Estamos muy orgullosos de ti por hacer estos estudios bíblicos!

Ahora, en el camino a casa podemos hacer un poco de velerismo en la ciudad The Dalles o trepar hasta la cima de las Cataratas Multnomah. ¡Este ha sido un viaje espectacular! ¡Nos veremos en otra aventura en la Palabra de Dios muy pronto!

Silvia, Max y

(Chispa)

# RESPUESTAS DE LOS JUEGOS Y ACTIVIDADES

**Página 14-15**

COMIENZO

Por la fe salió
dijo él Abraham al
saliendo obedeció llamado ser
para que había de
un lugar adonde recibir
salió y herencia como
sin saber
adónde
iba
Hebreos
12 11
8
FINAL

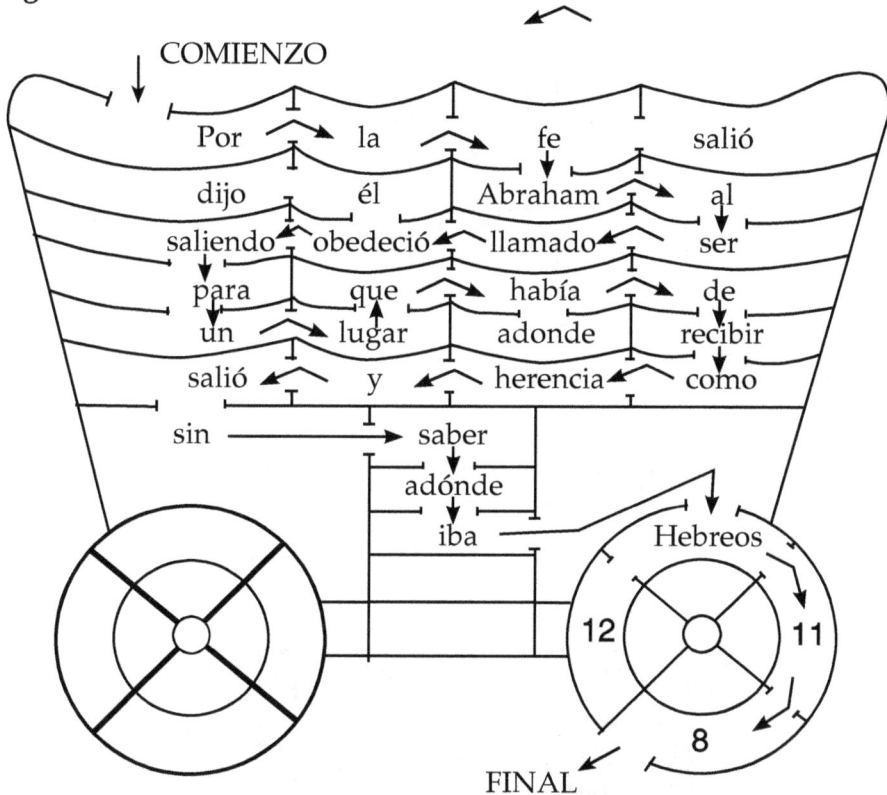

Por la fe Abraham, al ser llamado, obedeció, saliendo para
un lugar que había de recibir como herencia; y salió sin saber
adónde iba.

Hebreos 11:8

**Página 45**

Y Abram creyó en el Señor, y Él se lo reconoció por justicia.

Génesis 15:6

## Página 52

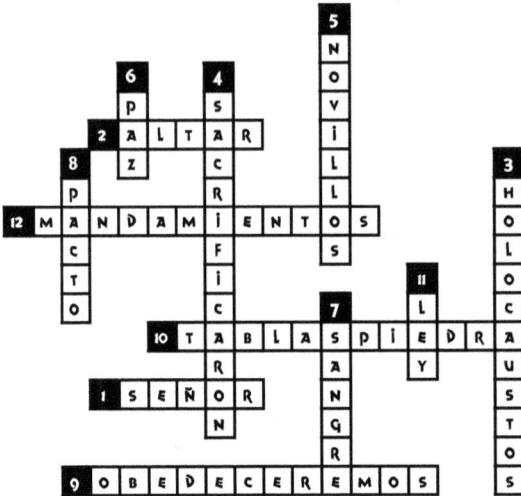

## Página 69

...el Señor se le apareció, y le dijo: "Yo soy el Dios Todopoderoso; anda delante de Mí, y sé perfecto.

Génesis 17:1

## Página 80

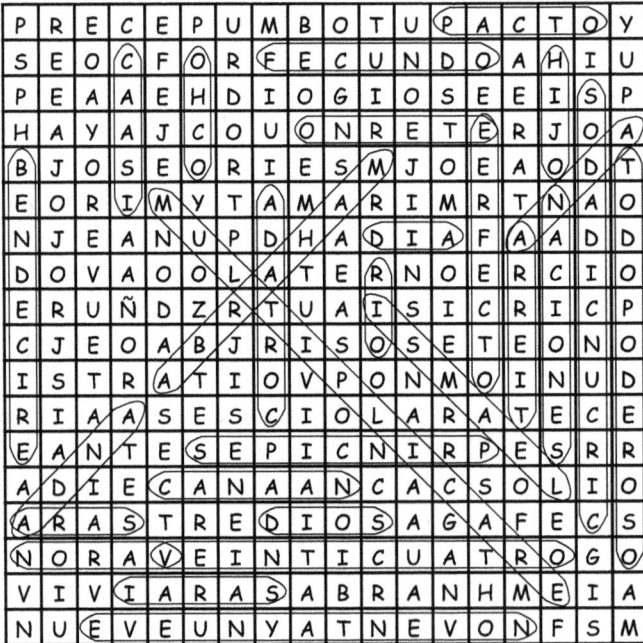

**Página 89-90**

"Y Yo lo he escogido para que
mande a sus hijos y a su casa
después de él que guarden el
camino del Señor, haciendo
justicia y juicio, para que el
Señor cumpla en Abraham todo
lo que Él ha dicho acerca
de él"

Génesis 18:19

**Página 114**

Sin embargo, respecto a la promesa de Dios, Abraham no titubeó con incredulidad, sino que se fortaleció en fe, dando gloria a Dios, estando plenamente convencido de que lo que Dios había prometido, poderoso era también para cumplirlo.

Romanos 4:20-21

**Página 120**

| | | | | | | | | | | | | | | |
|---|---|---|---|---|---|---|---|---|---|---|---|---|---|---|
| H | O | B | U | N | T | B | O | R | T | H | A | R | D | O | R | C | A | S | A |
| E | I | L | D | A | I | A | O | R | A | R | S | I | E | R | V | A | T | A | T |
| R | O | I | E | C | A | N | R | U | G | E | L | E | O | N | A | N | A | T | E |
| E | S | C | S | I | C | Q | E | M | U | C | H | A | C | H | O | A | R | N | N |
| D | M | U | E | O | S | U | D | B | U | R | L | A | N | D | O | S | E | U | O |
| O | G | A | R | N | D | E | E | N | A | L | G | E | C | E | L | O | E | D | T |
| D | E | E | T | C | E | T | R | O | P | A | D | N | E | R | T | L | I | A | C |
| A | C | P | L | E | A | E | I | R | L | O | A | O | P | R | C | O | R | I |
| I | H | E | C | O | M | L | H | R | E | V | O | C | I | I | N | I | Y | R | O |
| T | A | G | R | S | I | G | A | N | E | I | C | G | A | U | C | I | E | L | O |
| S | F | O | D | I | O | M | A | N | T | E | E | I | C | H | I | N | A | R | E |
| U | U | D | E | I | S | A | T | A | T | O | S | R | D | A | A | G | E | A | R |
| G | E | D | E | U | A | A | M | P | D | R | I | I | A | G | U | C | A | T | S |
| N | R | E | I | L | O | R | N | I | O | C | T | L | C | A | S | O | B | T | A |
| A | A | S | V | A | A | E | Q | M | U | J | E | R | D | V | I | T | R | U | O |
| D | A | E | G | O | I | D | A | U | A | E | C | O | S | A | M | E | D | M |
| J | R | D | A | M | E | S | A | S | E | C | E | M | I | I | S | A | A | C | P |
| O | I | D | I | P | S | E | D | R | I | R | T | A | S | R | C | I | A | I | A |
| S | U | S | A | T | H | I | J | O | G | I | O | P | T | D | E | U | S | R | J |
| E | J | A | H | O | P | E | D | E | S | I | E | R | T | O | S | A | N | O | M |

**Página 136**

Y se cumplió la Escritura que dice: "Y Abraham creyó a Dios y le fue contado por justicia," y fue llamado amigo de Dios.

Santiago 2:23

**Página 138**

# REGISTRO DE OBSERVACIONES

**Capítulo 11**

1 Toda la tierra hablaba la misma lengua y las mismas palabras.

2 Según iban hacia el oriente, hallaron una llanura en la tierra de Sinar, y se establecieron allí.

3 Y se dijeron unos a otros: "Vamos, fabriquemos ladrillos y cozámos*los* bien". Y usaron ladrillo en lugar de piedra y asfalto en lugar de mezcla.

4 Luego dijeron: "Vamos, edifiquémonos una ciudad y una torre cuya cúspide *llegue* hasta los cielos, y hagámonos un nombre *famoso*, para que no seamos dispersados sobre la superficie de toda la tierra".

5 Pero el Señor descendió para ver la ciudad y la torre que habían edificado los hijos de los hombres.

6 Y dijo el Señor: "Son un solo pueblo y todos ellos tienen la misma lengua. Esto es lo que han comenzado a hacer, y ahora nada de lo que se propongan hacer les será imposible.

7 Vamos, bajemos y confundamos allí su lengua, para que ninguno entienda el lenguaje del otro".

8 Así el Señor los dispersó desde allí sobre la superficie de toda la tierra, y dejaron de edificar la ciudad.

9 Por eso la ciudad fue llamada Babel (Babilonia), porque allí el Señor confundió la lengua de toda la tierra, y de allí el Señor los dispersó sobre la superficie de toda la tierra.

10 Estas son las generaciones de Sem: Sem *tenía* 100 años, y fue el padre de Arfaxad, dos años después del diluvio.

11  Y vivió Sem 500 años después de haber engendrado a Arfaxad, y tuvo *otros* hijos e hijas.

12  Arfaxad vivió 35 años, y fue padre de Sala.

13  Y vivió Arfaxad 403 años despúes de haber engendrado a Sala, y tuvo *otros* hijos e hijas.

14  Sala vivió 30 años, y fue padre de Heber.

15  Y vivió Sala 403 años después de haber engendrado a Heber, y tuvo *otros* hijos e hijas.

16  Heber vivió 34 años, y fue padre de Peleg.

17  Y vivió Heber 430 años después de haber engendrado a Peleg, y tuvo *otros* hijos e hijas.

18  Peleg vivió 30 años, y fue padre de Reu.

19  Y vivió Peleg 209 años despúes de haber engendrado a Reu, y tuvo *otros* hijos e hijas.

20  Reu vivió 32 años, y fue padre de Serug.

21  Y vivió Reu 207 años después de haber engendrado a Serug, y tuvo *otros* hijos e hijas.

22  Serug vivió 30 años, y fue padre de Nacor.

23  Y vivió Serug 200 años después de haber engendrado a Nacor, y tuvo *otros* hijos e hijas.

24  Nacor vivió 29 años, y fue padre de Taré.

25  Y vivió Nacor 119 años después de haber engendrado a Taré, y tuvo *otros* hijos e hijas.

26  Taré vivió 70 años, y fue padre de Abram, de Nacor y de Harán.

27  Estas son las generaciones de Taré: Taré fue padre de Abram, de Nacor y de Harán. Harán fue padre de Lot.

28  Harán murió en presencia de su padre Taré en la tierra de su nacimiento, en Ur de los caldeos.

29  Abram y Nacor tomaron para sí mujeres. El nombre de la mujer de Abram *era* Sarai, y el nombre de la mujer de Nacor, Milca, hija de Harán, padre de Milca y de Isca.

30  Pero Sarai era estéril; no tenía hijo.

31  Y Taré tomó a Abram su hijo, a su nieto Lot, hijo de Harán, y a Sarai su nuera, mujer de su hijo Abram. Salieron juntos de Ur de los caldeos, en dirección a la tierra de Canaán. Llegaron hasta Harán, y se establecieron allí.

32  Los días de Taré fueron 205 años. Y murió Taré en Harán.

## Capítulo 12

1  Y el Señor dijo a Abram:

"Vete de tu tierra,

De *entre* tus parientes

Y de la casa de tu padre,

A la tierra que Yo te mostraré.

2  Haré de ti una nación grande,

Y te bendeciré,

Engrandeceré tu nombre,

Y serás bendición.

3  Bendeciré a los que te bendigan,

Y al que te maldiga, maldeciré.

En ti serán benditas todas las familias de la tierra".

4  Entonces Abram se fue tal como el Señor le había dicho, y Lot se fue con él. Abram *tenía* 75 años cuando salió de Harán.

5    Abram tomó a Sarai su mujer y a Lot su sobrino, y todas las posesiones que ellos habían acumulado y las personas que habían adquirido en Harán, y salieron para ir a la tierra de Canaán; y a la tierra de Canaán llegaron.

6    Abram atravesó el país hasta el lugar de Siquem, hasta la encina de More. Los cananeos *habitaban* entonces en esa tierra.

7    El Señor se apareció a Abram y *le* dijo: "A tu descendencia daré esta tierra". Entonces Abram *edificó* allí un altar al Señor que se le había aparecido.

8    De allí se trasladó hacia el monte al oriente de Betel, y plantó su tienda, *teniendo a* Betel al occidente y Hai al oriente. Edificó allí un altar al Señor, e invocó el nombre del Señor.

9    Y Abram siguió su camino, continuando hacia el Neguev.

10    Pero hubo hambre en el país, y Abram descendió a Egipto para pasar allí un tiempo, porque el hambre era severa en aquella tierra.

11    Cuando se estaba acercando a Egipto, Abram dijo a Sarai su mujer: "Mira, sé que eres una mujer de hermoso parecer;

12    y sucederá que cuando te vean los egipcios, dirán: 'Esta es su mujer'; y me matarán, pero a ti te dejarán vivir.

13    Di, por favor, que eres mi hermana, para que me vaya bien por causa tuya, y para que yo viva gracias a ti".

14    Cuando Abram entró en Egipto, los egipcios vieron que la mujer era muy hermosa.

15    La vieron los oficiales de faraón y la alabaron delante de él. Entonces la mujer fue llevada a la casa de faraón.

16    Y *éste* trató bien a Abram por causa de ella. Le dio ovejas, vacas, asnos, siervos, siervas, asnas y camellos.

17 Pero el Señor hirió a faraón y a su casa con grandes plagas por causa de Sarai, mujer de Abram.

18 Entonces faraón llamó a Abram, y le dijo: "¿Qué es esto que me has hecho? ¿Por qué no me avisaste que era tu mujer?

19 ¿Por qué dijiste: 'Es mi hermana', de manera que la tomé por mujer? Ahora pues, aquí está tu mujer, tóma*la* y vete".

20 faraón dio órdenes a *sus* hombres acerca de Abram; y ellos lo despidieron con su mujer y con todo lo que le pertenecía.

## Capítulo 13

1 Abram subió desde Egipto al Neguev, él y su mujer con todo lo que poseía; y con él *iba* Lot.

2 Abram era muy rico en ganado, en plata y en oro.

3 Y anduvo en sus jornadas desde el Neguev hasta Betel, al lugar donde su tienda había estado al principio, entre Betel y Hai,

4 al lugar del altar que antes había hecho allí. Allí Abram invocó el nombre del Señor.

5 También Lot, que andaba con Abram, tenía ovejas, vacas y tiendas.

6 Pero la tierra no podía sostenerlos para que habitaran juntos, porque sus posesiones eran tantas que *ya* no podían habitar juntos.

7 Hubo, pues, problema entre los pastores del ganado de Abram y los pastores del ganado de Lot. Los cananeos y los ferezeos habitaban entonces en aquella tierra.

8 Así que Abram dijo a Lot: "Te ruego que no haya problema entre nosotros, ni entre mis pastores y tus pastores, porque somos hermanos.

9  ¿No está toda la tierra delante de ti? Te ruego que te separes de mí. *Si vas* a la izquierda, yo iré a la derecha; y si *a* la derecha, yo iré a la izquierda".

10  Y alzó Lot los ojos y vio todo el valle del Jordán, el cual estaba bien regado por todas partes (*esto fue* antes de que el Señor destruyera a Sodoma y Gomorra) como el huerto del Señor, como la tierra de Egipto rumbo a Zoar.

11  Lot escogió para sí todo el valle del Jordán, y viajó Lot hacia el oriente. Así se separaron el uno del otro.

12  Abram se estableció en la tierra de Canaán, en tanto que Lot se estableció en las ciudades del valle, y fue poniendo *sus* tiendas hasta Sodoma.

13  Pero los hombres de Sodoma eran malos y pecadores en gran manera contra el Señor.

14  Y el Señor dijo a Abram después que Lot se había separado de él: "Alza ahora los ojos y mira desde el lugar donde estás hacia el norte, el sur, el oriente y el occidente,

15  pues toda la tierra que ves te la daré a ti y a tu descendencia para siempre.

16  Haré tu descendencia como el polvo de la tierra; de manera que si alguien puede contar el polvo de la tierra, también tu descendencia podrá contarse.

17  Levántate, recorre la tierra a lo largo y a lo ancho de ella, porque a ti te la daré".

18  Entonces Abram levantó su tienda, y fue y habitó en el encinar de Mamre, que está en Hebrón, y allí edificó un altar al Señor.

## Capítulo 14

1  Aconteció en los días de Amrafel, rey de Sinar, de Arioc, rey de Elasar, de Quedorlaomer, rey de Elam, y de Tidal, rey de Goyim (de naciones),

2   que estos hicieron guerra a Bera, rey de Sodoma, y a Birsa, rey de Gomorra, a Sinab, rey de Adma, a Semeber, rey de Zeboim, y al rey de Bela, es decir, Zoar.

3   Estos últimos se reunieron como aliados en el valle de Sidim, es decir, el Mar Salado.

4   Doce años habían servido a Quedorlaomer, pero en el año trece se rebelaron.

5   En el año catorce, Quedorlaomer y los reyes que estaban con él, vinieron y derrotaron a los refaítas en Astarot Karnaim, a los zuzitas en Ham, a los emitas en Save Quiriataim,

6   y a los horeos en el monte de Seir hasta El Parán, que está junto al desierto.

7   Entonces volvieron a En Mispat, es decir, Cades, y conquistaron todo el territorio de los amalecitas, y también a los amorreos que habitaban en Hazezon Tamar.

8   Entonces el rey de Sodoma, con el rey de Gomorra, el rey de Adma, el rey de Zeboim y el rey de Bela, es decir, Zoar, salieron y les presentaron batalla en el valle de Sidim:

9   *es decir*, a Quedorlaomer, rey de Elam, a Tidal, rey de Goyim, a Amrafel, rey de Sinar, y a Arioc, rey de Elasar; cuatro reyes contra cinco.

10  El valle de Sidim estaba lleno de pozos de asfalto, y el rey de Sodoma y el de Gomorra al huir cayeron allí. Y los demás huyeron a los montes.

11  Entonces tomaron todos los bienes de Sodoma y Gomorra con todas sus provisiones, y se fueron.

12  Se llevaron *también* a Lot, sobrino de Abram, con todas sus posesiones, pues él habitaba en Sodoma, y se fueron.

13  Uno de los que escaparon vino y se lo hizo saber a Abram el hebreo, que habitaba en el encinar de Mamre el amorreo,

hermano de Escol y hermano de Aner, y estos eran aliados de Abram.

14  Al oír Abram que su sobrino había sido llevado cautivo, movilizó a sus hombres adiestrados nacidos en su casa, 318 en total, y salió en *su* persecución hasta Dan.

15  Por la noche, él, con sus siervos, organizó sus fuerzas contra ellos, y los derrotó y los persiguió hasta Hoba, que está al norte de Damasco.

16  Y recobró todos sus bienes, también a su sobrino Lot con sus posesiones, y también a las mujeres y a la demás gente.

17  A su regreso después de derrotar a Quedorlaomer y a los reyes que estaban con él, salió a su encuentro el rey de Sodoma en el valle de Save, es decir, el valle del Rey.

18  Y Melquisedec, rey de Salem, sacó pan y vino; él era sacerdote del Dios Altísimo.

19  Él lo bendijo, diciendo:
"Bendito sea Abram del Dios Altísimo,
Creador (Dueño) del cielo y de la tierra;

20  Y bendito sea el Dios Altísimo
Que entregó a tus enemigos en tu mano".
Y *Abram* le dio el diezmo de todo.

21  El rey de Sodoma dijo a Abram: "Dame las personas y toma para ti los bienes".

22  Y Abram dijo al rey de Sodoma: "He jurado al SEÑOR, Dios Altísimo, creador (dueño) del cielo y de la tierra,

23  que no tomaré ni un hilo ni una correa de zapato, ni ninguna cosa suya, para que no diga: 'Yo enriquecí a Abram'.

24  Nada tomaré, excepto lo que los jóvenes han comido y la parte de los hombres que fueron conmigo: Aner, Escol y Mamre. Ellos tomarán su parte".

**Capítulo 15**

1   Después de estas cosas la palabra del Señor vino a Abram en visión, diciendo:

"No temas, Abram,

Yo soy un escudo para ti;

Tu recompensa será muy grande".

2   Y Abram dijo: "Oh Señor Dios, ¿qué me darás, puesto que yo estoy sin hijos, y el heredero de mi casa es Eliezer de Damasco?".

3   Dijo además Abram: "No me has dado descendencia, y uno nacido en mi casa es mi heredero".

4   Pero la palabra del Señor vino a él, diciendo: "Tu heredero no será este, sino uno que saldrá de tus entrañas, él será tu heredero".

5   El Señor lo llevó fuera, y *le* dijo: "Ahora mira al cielo y cuenta las estrellas, si te es posible contarlas». Y añadió: "Así será tu descendencia".

6   Y *Abram* creyó en el Señor, y Él se lo reconoció por justicia.

7   Y le dijo: "Yo soy el Señor que te saqué de Ur de los caldeos, para darte esta tierra para que la poseas".

8   Entonces Abram le preguntó: "Oh Señor Dios, ¿cómo puedo saber que la poseeré?".

9   El Señor le respondió: "Tráeme una novilla de tres años, una cabra de tres años, un carnero de tres años, una tórtola y un pichón".

10  Abram le trajo todos estos, los partió por la mitad, y puso cada mitad enfrente de la otra; pero no partió las aves.

11  Y las aves de rapiña descendían sobre los animales sacrificados, pero Abram las ahuyentaba.

12 A la puesta del sol un profundo sueño cayó sobre Abram. El terror de una gran oscuridad cayó sobre él.

13 Y *Dios* dijo a Abram: "Ten por cierto que tus descendientes serán extranjeros en una tierra que no es suya, donde serán esclavizados y oprimidos durante 400 años.

14 Pero Yo también juzgaré a la nación a la cual servirán, y después saldrán *de allí* con grandes riquezas.

15 Tú irás a tus padres en paz, y serás sepultado en buena vejez.

16 "En la cuarta generación ellos regresarán acá, porque hasta entonces no habrá llegado a su colmo la iniquidad de los amorreos".

17 Y sucedió que cuando el sol ya se había puesto, hubo densas tinieblas, y *apareció* un horno humeante y una antorcha de fuego que pasó por entre las mitades *de los animales*.

18 En aquel día el SEÑOR hizo un pacto con Abram, diciendo: "A tu descendencia he dado esta tierra, Desde el río de Egipto hasta el río grande, el río Éufrates:

19 la tierra de los quenitas, los cenezeos, los cadmoneos,

20 los hititas, los ferezeos, los refaítas,

21 los amorreos, los cananeos, los gergeseos y los jebuseos".

## Capítulo 16

1 Sarai, mujer de Abram, no le había dado a luz *hijo alguno*. Pero ella tenía una sierva egipcia que se llamaba Agar.

2 Entonces Sarai dijo a Abram: "Mira, el SEÑOR me ha impedido tener *hijos*. Llégate, te ruego, a mi sierva; quizá por medio de ella yo tenga hijos". Y Abram escuchó la voz de Sarai.

3 Después de diez años de habitar Abram en la tierra de Canaán, Sarai, mujer de Abram, tomó a su sierva Agar la egipcia, y se la dio a su marido Abram por mujer.

4 Y Abram se llegó a Agar, y ella concibió. Cuando ella vio que había concebido, miraba con desprecio a su señora.

5 Entonces Sarai dijo a Abram: "Recaiga sobre ti mi agravio. Yo entregué a mi sierva en tus brazos. Pero cuando ella vio que había concebido, me miró con desprecio. Juzgue el Señor entre tú y yo".

6 Pero Abram dijo a Sarai: "Mira, tu sierva está bajo tu poder; haz con ella lo que mejor te parezca". Y Sarai trató muy mal a Agar y ella huyó de su presencia.

7 El ángel del Señor la encontró junto a una fuente de agua en el desierto, junto a la fuente en el camino de Shur,

8 y le dijo: "Agar, sierva de Sarai, ¿de dónde has venido y a dónde vas?". Ella le respondió: "Huyo de la presencia de mi señora Sarai".

9 "Vuelve a tu señora y sométete a su autoridad", le dijo el ángel del Señor.

10 El ángel del Señor añadió: "Multiplicaré de tal manera tu descendencia que no se podrá contar por su multitud".

11 El ángel del Señor le dijo además:

"Has concebido
Y darás a luz un hijo;
Y le llamarás Ismael,
Porque el Señor ha oído tu aflicción.

12 Él será hombre *indómito* como asno montés;
Su mano *será* contra todos,

Y la mano de todos contra él,

Y habitará separado de todos sus hermanos».

13  *Agar* llamó el nombre del Señor que le había hablado: "Tú eres un Dios que ve"; porque dijo: "¿Estoy todavía con vida después de ver a Dios?".

14  Por eso se llamó a aquel pozo Beer Lajai Roi (Pozo del Viviente Que Me Ve), el cual está entre Cades y Bered.

15  Agar le dio un hijo a Abram, y Abram le puso el nombre de Ismael al hijo que Agar le había dado.

16  Abram *tenía* ochenta y seis años cuando Agar dio a luz a Ismael.

## Capítulo 17

1  Cuando Abram tenía noventa y nueve años, el Señor se le apareció, y le dijo:

"Yo soy el Dios Todopoderoso;

Anda delante de Mí, y sé perfecto.

2  Yo estableceré Mi pacto contigo,

Y te multiplicaré en gran manera".

3  Entonces Abram se postró sobre su rostro y Dios habló con él:

4  "En cuanto a Mí, ahora Mi pacto es contigo,

Y serás padre de multitud de naciones.

5  Y no serás llamado más Abram (Padre Enaltecido);

Sino que tu nombre será Abraham (Padre de Multitud);

Porque Yo te haré padre de multitud de naciones.

6  Te haré fecundo en gran manera, y de ti haré naciones, y de ti saldrán reyes.

7  "Estableceré Mi pacto contigo y *con* tu descendencia después de ti, por *todas* sus generaciones, por pacto eterno, de ser Dios tuyo y de *toda* tu descendencia después de ti.

8   Y te daré a ti, y a tu descendencia después de ti, la tierra de tus peregrinaciones, toda la tierra de Canaán como posesión perpetua. Y Yo seré su Dios".

9   Dijo además Dios a Abraham: "Tú, pues, guardarás Mi pacto, tú y tu descendencia después de ti, por sus generaciones.

10  Este es Mi pacto con ustedes y tu descendencia después de ti y que ustedes guardarán: Todo varón de entre ustedes será circuncidado.

11  Serán circuncidados en la carne de su prepucio, y esto será la señal de Mi pacto con ustedes.

12  "A la edad de ocho días será circuncidado entre ustedes todo varón por sus generaciones; *asimismo* el *siervo* nacido en tu casa, o que sea comprado con dinero a cualquier extranjero, que no sea de tu descendencia.

13  Ciertamente ha de ser circuncidado el *siervo* nacido en tu casa o el comprado con tu dinero. Así estará Mi pacto en la carne de ustedes como pacto perpetuo.

14  Pero el varón incircunciso, que no es circuncidado en la carne de su prepucio, esa persona será cortada de *entre* su pueblo. Ha quebrantado Mi pacto".

15  Entonces Dios dijo a Abraham: "A Sarai, tu mujer, no la llamarás Sarai, sino que Sara (Princesa) *será* su nombre.

16  La bendeciré, y de cierto te daré un hijo por medio de ella. La bendeciré y será *madre de* naciones. Reyes de pueblos vendrán de ella".

17  Entonces Abraham se postró sobre su rostro y se rió, y dijo en su corazón: "¿A un hombre de 100 años le nacerá un hijo? ¿Y Sara, que tiene 90 años, concebirá?".

18 Y Abraham dijo a Dios: "¡Ojalá que Ismael viva delante de Ti!".

19 Pero Dios respondió: "No, sino que Sara, tu mujer, te dará un hijo, y le pondrás el nombre de Isaac; y estableceré Mi pacto con él, pacto perpetuo para su descendencia después de él.

20 En cuanto a Ismael, te he oído. Yo lo bendeciré y lo haré fecundo y lo multiplicaré en gran manera. Él será el padre de doce príncipes y haré de él una gran nación.

21 Pero Mi pacto lo estableceré con Isaac, el hijo que Sara te dará por este tiempo el año que viene".

22 Cuando terminó de hablar con él, Dios ascendió dejando a Abraham.

23 Entonces Abraham tomó a su hijo Ismael y a todos *los siervos* nacidos en su casa y a todos los que habían sido comprados con su dinero, a todo varón de entre las personas de la casa de Abraham, y aquel mismo día les circuncidó la carne de su prepucio, tal como Dios le había dicho.

24 Abraham *tenía* noventa y nueve años cuando fue circuncidado,

25 y su hijo Ismael *tenía* trece años cuando fue circuncidado.

26 En el mismo día fueron circuncidados Abraham y su hijo Ismael.

27 También fueron circuncidados con él todos los varones de su casa, que habían nacido en la casa o que habían sido comprados a extranjeros.

## Capítulo 18

1 Y el Señor se le apareció a Abraham en el encinar de Mamre, mientras él estaba sentado a la puerta de la tienda en el calor del día.

2  Cuando Abraham alzó los ojos y miró, había tres hombres parados frente a él. Al ver*los* corrió de la puerta de la tienda a recibirlos, y se postró en tierra,

3  y dijo: "Señor mío, si ahora he hallado gracia ante sus ojos, le ruego que no pase de largo junto a su siervo.

4  Que se traiga ahora un poco de agua y lávense ustedes los pies, y reposen bajo el árbol.

5  Yo traeré un pedazo de pan para que se alimenten y después sigan adelante, puesto que han visitado a su siervo". "Haz así como has dicho", dijeron ellos.

6  Entonces Abraham fue de prisa a la tienda donde estaba Sara, y dijo: "Apresúrate a preparar 40 litros de flor de harina, amása*la* y haz tortas de pan".

7  Corrió también Abraham a la vacada y tomó un becerro tierno y de los mejores, y se *lo* dio al criado, que se apresuró a prepararlo.

8  Tomó también cuajada, leche y el becerro que había preparado, y *lo* puso delante de ellos. Mientras comían, Abraham se quedó de pie junto a ellos bajo el árbol.

9  Entonces ellos le dijeron: "¿Dónde está Sara tu mujer?". "Allí en la tienda", les respondió.

10  Y *uno de ellos* dijo: "Ciertamente volveré a ti por este tiempo el año próximo, y Sara tu mujer tendrá un hijo". Y Sara estaba escuchando a la puerta de la tienda que estaba detrás de él.

11  Abraham y Sara eran ancianos, entrados en años. Y a Sara le había cesado ya la costumbre de las mujeres.

12  Sara se rió para sus adentros, diciendo: "¿Tendré placer después de haber envejecido, siendo también viejo mi señor?".

13  Y el SEÑOR dijo a Abraham: "¿Por qué se rió Sara, diciendo: '¿Concebiré en verdad siendo yo *tan* vieja?'.

14  ¿Hay algo demasiado difícil para el SEÑOR? Volveré a ti al tiempo señalado, por este tiempo el año próximo, y Sara tendrá un hijo".

15  Pero Sara *lo* negó, porque tuvo miedo, diciendo: "No me reí". "No *es así*, sino que te has reído", le dijo el SEÑOR.

16  Entonces los hombres se levantaron de allí, y miraron hacia Sodoma. Abraham iba con ellos para despedirlos.

17  Pero el SEÑOR dijo: "¿Ocultaré a Abraham lo que voy a hacer?

18  Porque ciertamente Abraham llegará a ser una nación grande y poderosa, y en él serán benditas todas las naciones de la tierra.

19  Y Yo lo he escogido para que mande a sus hijos y a su casa después de él que guarden el camino del SEÑOR, haciendo justicia y juicio, para que el SEÑOR cumpla en Abraham todo lo que Él ha dicho acerca de él".

20  Después el SEÑOR dijo: "El clamor de Sodoma y Gomorra ciertamente es grande, y su pecado es sumamente grave.

21  Descenderé ahora y veré si han hecho en todo conforme a su clamor, el cual ha llegado hasta Mí. Y si no, lo sabré".

22  Entonces los hombres se apartaron de allí y fueron hacia Sodoma, mientras Abraham estaba todavía de pie delante del SEÑOR.

23  Y Abraham se acercó al SEÑOR y dijo: "¿En verdad destruirás al justo junto con el impío?

24  Tal vez haya cincuenta justos dentro de la ciudad. ¿En verdad *la* destruirás y no perdonarás el lugar por amor a los cincuenta justos que hay en ella?

25 Lejos de Ti hacer tal cosa: matar al justo con el impío, de modo que el justo y el impío sean *tratados* de la misma manera. ¡Lejos de Ti! El Juez de toda la tierra, ¿no hará justicia?".

**26** Entonces el Señor le respondió: "Si hallo en Sodoma cincuenta justos dentro de la ciudad, perdonaré a todo el lugar por consideración a ellos".

27 Y Abraham respondió: "Ahora que me he atrevido a hablar al Señor, yo que soy polvo y ceniza.

28 Tal vez falten cinco para los cincuenta justos. ¿Destruirás por los cinco a toda la ciudad?». Y el Señor respondió: "No *la* destruiré si hallo allí cuarenta y cinco".

**29** *Abraham* le habló de nuevo: "Tal vez se hallen allí cuarenta". Y Él respondió: "No *lo* haré, por consideración a los cuarenta".

30 Entonces *Abraham* dijo: "No se enoje ahora el Señor, y hablaré. Tal vez se hallen allí treinta". "No *lo* haré si hallo allí treinta", respondió el Señor.

31 Y *Abraham* dijo: "Ahora me he atrevido a hablar al Señor. Tal vez se hallen allí veinte". Y Él respondió: "No *la* destruiré por consideración a los veinte".

32 Entonces Abraham dijo: "No se enoje ahora el Señor, y hablaré solo esta vez. Tal vez se hallen allí diez". "No *la* destruiré por consideración a los diez", respondió el Señor.

33 Tan pronto como acabó de hablar con Abraham, el Señor se fue, y Abraham volvió a su lugar.

## Capítulo 19

1 Los dos ángeles llegaron a Sodoma al caer la tarde, cuando Lot estaba sentado a la puerta de Sodoma. Al ver*los*, Lot se levantó para recibirlos y se postró rostro en tierra,

2   y les dijo: "Señores míos, les ruego que entren en la casa de su siervo y pasen *en ella* la noche y laven sus pies. Entonces se levantarán temprano y continuarán su camino". "No", dijeron ellos, "sino que pasaremos la noche en la plaza".

3   Él, sin embargo, les rogó con insistencia, y ellos fueron con él y entraron en su casa. Lot les preparó un banquete y coció pan sin levadura, y comieron.

4   Aún no se habían acostado, cuando los hombres de la ciudad, los hombres de Sodoma, rodearon la casa, tanto jóvenes como viejos, todo el pueblo sin excepción.

5   Y llamaron a Lot, y le dijeron: "¿Dónde están los hombres que vinieron a ti esta noche? Sácalos para que los conozcamos".

6   Entonces Lot salió a ellos a la entrada, y cerró la puerta tras sí,

7   "Hermanos míos, les ruego que no obren perversamente", les dijo Lot.

8   "Miren, tengo dos hijas que no han conocido varón. Permítanme sacarlas a ustedes y hagan con ellas como mejor les parezca. Pero no hagan nada a estos hombres, pues se han amparado bajo mi techo".

9   "¡Hazte a un lado!", dijeron ellos. Y dijeron además: "Éste ha venido como extranjero, y ya está actuando como juez; ahora te trataremos a ti peor que a ellos". Se lanzaron contra Lot y estaban a punto de romper la puerta,

10   pero los *dos* hombres extendieron la mano y metieron a Lot en la casa con ellos, y cerraron la puerta.

11   Y a los hombres que estaban a la entrada de la casa los hirieron con ceguera desde el menor hasta el mayor, de manera que se cansaban *tratando de* hallar la entrada.

12  Entonces los *dos* hombres dijeron a Lot: "¿A quién más tienes aquí? A *tus* yernos, a tus hijos, a tus hijas y quienquiera que tengas en la ciudad, sáca*los* de este lugar.

13  Porque vamos a destruir este lugar, pues su clamor ha llegado a ser tan grande delante del Señor, que el Señor nos ha enviado a destruirlo".

14  Lot salió y habló a sus yernos que iban a casarse con sus hijas, y dijo: "Levántense, salgan de este lugar porque el Señor destruirá la ciudad". Pero a sus yernos les pareció que bromeaba.

15  Al amanecer, los ángeles apremiaban a Lot, diciendo: "Levántate, toma a tu mujer y a tus dos hijas que están aquí, para que no sean destruidos en el castigo de la ciudad".

16  Pero él titubeaba. Entonces los *dos* hombres los tomaron de la mano, a él, y a su mujer y a sus dos hijas, porque la compasión del Señor *estaba* sobre él. Los sacaron y los pusieron fuera de la ciudad.

17  Cuando los habían llevado fuera, *uno le* dijo: "Huye por tu vida. No mires detrás de ti y no te detengas en ninguna parte del valle. Escapa al monte, no sea que perezcas".

18  "No, por favor, señores míos", les dijo Lot.

19  "Ahora tu siervo ha hallado gracia ante tus ojos, y has engrandecido tu misericordia la cual me has mostrado salvándome la vida. Pero no puedo escapar al monte, no sea que el desastre me alcance, y muera.

20  Mira, esta ciudad está *bastante* cerca para huir a ella, y es pequeña. Te ruego que me dejes huir allá (¿acaso no es pequeña?) para salvar mi vida".

21 Y él le respondió: "Bien, te concedo también esta petición de no destruir la ciudad de que has hablado.

22 Date prisa, escapa allá, porque nada puedo hacer hasta que llegues allí". Por eso el nombre que se le puso a la ciudad fue Zoar (Pequeña).

23 El sol había salido sobre la tierra cuando Lot llegó a Zoar.

24 Entonces el SEÑOR hizo llover azufre y fuego sobre Sodoma y Gomorra, de parte del SEÑOR desde los cielos.

25 Él destruyó aquellas ciudades y todo el valle y todos los habitantes de las ciudades y *todo* lo que crecía en la tierra.

26 Pero la mujer de Lot, *que iba* tras él, miró *hacia atrás* y se convirtió en una columna de sal.

27 Abraham se levantó muy de mañana, y *fue* al sitio donde había estado delante del SEÑOR.

28 Dirigió la vista hacia Sodoma y Gomorra y hacia toda la tierra del valle y miró; y el humo ascendía de la tierra como el humo de un horno.

29 Pero cuando Dios destruyó las ciudades del valle, se acordó de Abraham e hizo salir a Lot de en medio de la destrucción, cuando destruyó las ciudades donde había habitado Lot.

30 Lot subió de Zoar y habitó en los montes, y sus dos hijas con él, pues tenía miedo de quedarse en Zoar. Y habitó en una cueva, él y sus dos hijas.

31 Entonces la mayor dijo a la menor: "Nuestro padre es viejo y no hay ningún hombre en el país que se llegue a nosotras según la costumbre de toda la tierra.

32 Ven, hagamos que beba vino nuestro padre, y acostémonos con él para preservar nuestra familia por medio de nuestro padre".

33  Aquella noche hicieron que su padre bebiera vino, y la mayor entró y se acostó con su padre, y él no supo cuando ella se acostó ni cuando se levantó.

**34**  Al día siguiente la mayor dijo a la menor: "Mira, anoche yo me acosté con mi padre. Hagamos que beba vino esta noche también, y entonces entra tú y acuéstate con él, para preservar nuestra familia por medio de nuestro padre".

35  De manera que también aquella noche hicieron que su padre bebiera vino, y la menor se levantó y se acostó con él, y él no supo cuando ella se acostó ni cuando se levantó.

36  Así las dos hijas de Lot concibieron de su padre.

**37**  Y la mayor dio a luz un hijo, y lo llamó Moab. Él es el padre de los moabitas hasta hoy.

38  En cuanto a la menor, también ella dio a luz un hijo, y lo llamó Ben (Hijo de)Ammi. Él es el padre de los amonitas hasta hoy.

**Capítulo 20**

1  Abraham salió de donde estaba hacia la tierra del Neguev (Región del Sur), y se estableció entre Cades y Shur. Entonces estuvo por un tiempo en Gerar.

2  Abraham decía de Sara su mujer: "Es mi hermana". Entonces Abimelec, rey de Gerar, envió y tomó a Sara.

3  Pero Dios vino a Abimelec en un sueño de noche, y le dijo: "Tú eres hombre muerto por razón de la mujer que has tomado, pues está casada".

4  Pero Abimelec no se había acercado a ella, y dijo: "Señor, ¿destruirás a una nación aunque *sea* inocente?

5    ¿No me dijo él mismo: 'Es mi hermana'? Y ella también dijo: 'Es mi hermano'. En la integridad de mi corazón y con manos inocentes yo he hecho esto".

6    Entonces Dios le dijo en el sueño: "Sí, Yo sé que en la integridad de tu corazón has hecho esto. Y además, Yo te guardé de pecar contra mí, por eso no te dejé que la tocaras.

7    Ahora pues, devuelve la mujer al marido, porque él es profeta y orará por ti, y vivirás. Pero si no *la* devuelves, sabe que de cierto morirás, tú y todos los tuyos".

8    Abimelec se levantó muy de mañana, llamó a todos sus siervos y relató todas estas cosas a oídos de ellos; y los hombres se atemorizaron en gran manera.

9    Entonces Abimelec llamó a Abraham, y le dijo: "¿Qué nos has hecho? ¿Y *en* qué he pecado contra ti, para que hayas traído sobre mí y sobre mi reino un pecado tan grande? Me has hecho cosas que no se deben hacer".

10    Abimelec añadió a Abraham: "¿Qué has hallado para que hayas hecho esto?".

11    Y Abraham respondió: "Porque *me* dije: Sin duda no hay temor de Dios en este lugar, y me matarán por causa de mi mujer.

12    Además, en realidad es mi hermana, hija de mi padre, pero no hija de mi madre. Ella vino a ser mi mujer.

13    Cuando Dios me hizo salir errante de la casa de mi padre, yo le dije a ella: 'Este es el favor que me harás: a cualquier lugar que vayamos, dirás de mí: 'Es mi hermano'".

14    Entonces Abimelec tomó ovejas y vacas, siervos y siervas, y se los dio a Abraham, y le devolvió a Sara su mujer.

15 Y le dijo Abimelec: "Mi tierra está delante de ti. Habita donde quieras".

16 A Sara *le* dijo: "Mira, he dado a tu hermano 1,000 monedas de plata. Esta es tu vindicación delante de todos los que están contigo, y ante todos quedas vindicada".

17 Abraham oró a Dios, y Dios sanó a Abimelec, a su mujer y a sus siervas, y tuvieron hijos.

18 Porque el Señor había cerrado completamente toda matriz en la casa de Abimelec por causa de Sara, mujer de Abraham.

## Capítulo 21

1 Entonces el Señor prestó atención a Sara como había dicho, e hizo el Señor por Sara como había prometido.

2 Sara concibió y dio a luz un hijo a Abraham en su vejez, en el tiempo señalado que Dios le había dicho.

3 Abraham le puso el nombre de Isaac al hijo que le nació, que le dio Sara.

4 A los ocho días Abraham circuncidó a su hijo Isaac, como Dios le había mandado.

5 Abraham *tenía* cien años cuando le nació su hijo Isaac.

6 Sara dijo: "Dios me ha hecho reír; cualquiera que lo oiga se reirá conmigo".

7 Y añadió: "¿Quién le hubiera dicho a Abraham que Sara amamantaría hijos? Pues bien, le he dado un hijo en su vejez".

8 El niño creció y fue destetado, y Abraham hizo un gran banquete el día que Isaac fue destetado.

9 Pero Sara vio al hijo que Agar la egipcia le había dado a Abraham burlándose de su hijo Isaac.

10 Por eso le dijo a Abraham: "Echa fuera a esta sierva y a su hijo, porque el hijo de esta sierva no ha de ser heredero junto con mi hijo Isaac".

11 El asunto angustió a Abraham en gran manera por tratarse de su hijo.

12 Pero Dios dijo a Abraham: "No te angusties por el muchacho ni por tu sierva. Presta atención a todo lo que Sara te diga, porque por Isaac será llamada tu descendencia.

13 También del hijo de la sierva haré una nación, por ser tu descendiente".

14 Se levantó, pues, Abraham muy de mañana, tomó pan y un odre de agua y *los* dio a Agar poniéndose*los* sobre el hombro, y *le dio* el muchacho y la despidió. Y ella se fue y anduvo errante por el desierto de Beerseba.

15 Cuando el agua del odre se acabó, ella dejó al muchacho debajo de uno de los arbustos.

16 Entonces ella fue y se sentó enfrente, como a un tiro de arco de distancia, porque dijo: "Que no vea yo morir al niño". Y se sentó enfrente y alzó su voz y lloró.

17 Dios oyó la voz del muchacho *que lloraba*; y el ángel de Dios llamó a Agar desde el cielo, y le dijo: "¿Qué tienes, Agar? No temas, porque Dios ha oído la voz del muchacho en donde está.

18 Levántate, alza al muchacho y sostenlo con tu mano, porque Yo haré de él una gran nación".

19 Entonces Dios abrió los ojos de ella, y vio un pozo de agua. Fue y llenó el odre de agua y dio de beber al muchacho.

20  Dios estaba con el muchacho, que creció y habitó en el desierto y se hizo arquero.

21  Y habitó en el desierto de Parán, y su madre tomó para él una mujer de la tierra de Egipto.

**22**  Aconteció por aquel tiempo que Abimelec, con Ficol, jefe de su ejército, habló a Abraham: "Dios está contigo en todo lo que haces.

23  Ahora pues, júrame aquí por Dios que no obrarás falsamente conmigo, ni con mi descendencia, ni con mi posteridad, sino que conforme a la bondad que te he mostrado, así me mostrarás a mí y a la tierra en la cual has residido".

24  "Yo lo juro", le dijo Abraham.

**25**  Pero Abraham se quejó a Abimelec a causa de un pozo de agua del cual los siervos de Abimelec se habían apoderado.

26  Y Abimelec dijo: "No sé quién haya hecho esto, ni tú me lo habías hecho saber, ni yo lo había oído hasta hoy".

27  Abraham tomó ovejas y vacas y se los dio a Abimelec, y los dos hicieron un pacto.

**28**  Entonces Abraham puso aparte siete corderas del rebaño.

29  Abimelec dijo a Abraham: "¿Qué significan estas siete corderas que has puesto aparte?".

30  Y Abraham respondió: "Tomarás estas siete corderas de mi mano para que esto me sirva de testimonio de que yo cavé este pozo".

31  Por lo cual llamó aquel lugar Beerseba (Pozo del Juramento), porque allí juraron los dos.

**32**  Hicieron, pues, un pacto en Beerseba. Se levantó Abimelec con Ficol, jefe de su ejército, y regresaron a la tierra de los filisteos.

33 Abraham plantó un tamarisco en Beerseba, y allí invocó el nombre del Señor, el Dios eterno.

34 Y peregrinó Abraham en la tierra de los filisteos por muchos días.

**Capítulo 22**

1 Aconteció que después de estas cosas, Dios probó a Abraham, y le dijo: "¡Abraham!". Y él respondió: "Aquí estoy".

2 Y *Dios* dijo: "Toma ahora a tu hijo, tu único, a quien amas, a Isaac, y ve a la tierra de Moriah, y ofrécelo allí en holocausto sobre uno de los montes que Yo te diré".

3 Abraham se levantó muy de mañana, aparejó su asno y tomó con él a dos de sus criados y a su hijo Isaac. También partió leña para el holocausto, y se levantó y fue al lugar que Dios le había dicho.

4 Al tercer día alzó Abraham los ojos y vio el lugar de lejos.

5 Entonces Abraham dijo a sus criados: "Quédense aquí con el asno. Yo y el muchacho iremos hasta allá, adoraremos y volveremos a ustedes".

6 Tomó Abraham la leña del holocausto y la puso sobre Isaac su hijo, y tomó en su mano el fuego y el cuchillo. Y los dos iban juntos.

7 Isaac habló a su padre Abraham: "Padre mío". Y él respondió: "Aquí estoy, hijo mío". "Aquí están el fuego y la leña", dijo Isaac, "pero ¿dónde está el cordero para el holocausto?".

8 Y Abraham respondió: "Dios proveerá para Sí el cordero para el holocausto, hijo mío". Y los dos iban juntos.

9  Llegaron al lugar que Dios le había dicho y Abraham edificó allí el altar, arregló la leña, ató a su hijo Isaac y lo puso en el altar sobre la leña.

10  Entonces Abraham extendió su mano y tomó el cuchillo para sacrificar a su hijo.

11  Pero el ángel del Señor lo llamó desde el cielo y dijo: "¡Abraham, Abraham!". Y él respondió: "Aquí estoy".

12  Y *el ángel* dijo: "No extiendas tu mano contra el muchacho, ni le hagas nada. Porque ahora sé que temes a Dios, ya que no me has rehusado tu hijo, tu único".

13  Entonces Abraham alzó los ojos y miró, y *vio* un carnero detrás *de él* trabado por los cuernos en un matorral. Abraham fue, tomó el carnero y lo ofreció en holocausto en lugar de su hijo.

14  Y Abraham llamó aquel lugar con el nombre de El Señor Proveerá, como se dice hasta hoy: "En el monte del Señor se proveerá".

15  El ángel del Señor llamó a Abraham por segunda vez desde el cielo,

16  y le dijo: "Por Mí mismo he jurado", declara el Señor, "que por cuanto has hecho esto y no me has rehusado tu hijo, tu único,

17  de cierto te bendeciré grandemente, y multiplicaré en gran manera tu descendencia como las estrellas del cielo y como la arena en la orilla del mar, y tu descendencia poseerá la puerta de sus enemigos.

18  En tu simiente serán bendecidas todas las naciones de la tierra, porque tú has obedecido Mi voz".

19  Entonces Abraham volvió a sus criados, y se levantaron y fueron juntos a Beerseba. Y habitó Abraham en Beerseba.

20  Después de estas cosas, le dieron noticia a Abraham, diciendo: "Milca también le ha dado hijos a tu hermano Nacor:

21  Uz su primogénito, Buz su hermano, y Kemuel, padre de Aram,

22  Quesed, Hazo, Pildas, Jidlaf y Betuel".

23  Y Betuel fue el padre de Rebeca. Estos ocho *hijos* dio a luz Milca a Nacor, hermano de Abraham.

24  También su concubina, de nombre Reúma, dio a luz a Teba, a Gaham, a Tahas y a Maaca.

**Capítulo 23**

1  Sara vivió 127 años. *Estos fueron* los años de la vida de Sara.

2  Sara murió en Quiriat Arba, que es Hebrón, en la tierra de Canaán. Abraham fue a hacer duelo por Sara y a llorar por ella.

3  Después Abraham dejó a su difunta, y habló a los hijos de Het:

4  "Yo soy extranjero y peregrino entre ustedes; denme en propiedad una sepultura entre ustedes, para que pueda sepultar a mi difunta y *separarla* de delante de mí".

5  Los hijos de Het le respondieron a Abraham:

6  "Escúchenos, señor nuestro: usted es un príncipe poderoso entre nosotros. Sepulte a su difunta en el mejor de nuestros sepulcros, *pues* ninguno de nosotros le negará su sepulcro para que sepulte a su difunta".

7  Abraham se levantó e hizo una reverencia al pueblo de aquella tierra, los hijos de Het,

8  y habló con ellos: "Si es su voluntad que yo sepulte aquí a mi difunta *separándola* de delante de mí, escúchenme e intercedan por mí con Efrón, hijo de Zohar,

9    para que me dé la cueva de Macpela que le pertenece, que está al extremo de su campo. Que en presencia de ustedes me la dé por un precio justo en posesión para una sepultura".

10   Efrón estaba sentado entre los hijos de Het. Y Efrón, el hitita, respondió a Abraham a oídos de los hijos de Het y de todos los que entraban por la puerta de su ciudad:

11   "No, señor mío, escúcheme. Le doy el campo y le doy la cueva que está en él. A la vista de los hijos de mi pueblo se lo doy. Sepulte a su difunta".

12   Entonces Abraham se inclinó delante del pueblo de aquella tierra,

13   y a oídos del pueblo de aquella tierra le habló a Efrón: "Le ruego que me oiga. Le daré el precio del campo. Acépte*lo* de mí, para que pueda sepultar allí a mi difunta".

14   Efrón respondió a Abraham:

15   "Señor mío, escúcheme: una tierra que vale 400 siclos (4.56 kilos) de plata, ¿qué es eso entre usted y yo? Sepulte, pues, a su difunta".

16   Abraham escuchó a Efrón. Y Abraham pesó la plata que *éste* había mencionado a oídos de los hijos de Het: 400 siclos de plata, medida comercial.

17   Así el campo de Efrón que está en Macpela, frente a Mamre, el campo y la cueva que hay en él, y todos los árboles en el campo dentro de sus confines, fueron cedidos

18   a Abraham en propiedad a la vista de los hijos de Het, delante de todos los que entraban por la puerta de su ciudad.

19   Después de esto, Abraham sepultó a Sara su mujer en la cueva del campo de Macpela frente a Mamre, es decir, Hebrón, en la tierra de Canaán.

20  El campo y la cueva que hay en él fueron cedidos a Abraham en posesión para una sepultura por los hijos de Het.

**Capítulo 24**

1  Abraham era viejo, entrado en años; y el Señor había bendecido a Abraham en todo.

2  Y Abraham dijo a su siervo, el más viejo de su casa, que era mayordomo de todo lo que poseía: "Te ruego que pongas tu mano debajo de mi muslo,

3  y te haré jurar por el Señor, Dios de los cielos y Dios de la tierra, que no tomarás mujer para mi hijo de las hijas de los cananeos, entre los cuales yo habito,

4  sino que irás a mi tierra y a mis parientes, y tomarás mujer para mi hijo Isaac".

5  Y el siervo le dijo: "Tal vez la mujer no quiera seguirme a esta tierra. ¿Debo volver y llevar a su hijo a la tierra de donde usted vino?".

6  "De ningún modo debes llevar allá a mi hijo», le respondió Abraham.

7  "El Señor, Dios de los cielos, que me tomó de la casa de mi padre y de la tierra donde nací, y que me habló y me juró, diciendo: "A tu descendencia daré esta tierra", Él mandará Su ángel delante de ti, y tomarás de allí mujer para mi hijo.

8  Si la mujer no quiere seguirte, quedarás libre de este mi juramento. Solo que no lleves allá a mi hijo".

9  El siervo puso la mano debajo del muslo de Abraham su señor, y le juró sobre este asunto.

10  Entonces el siervo tomó diez camellos de entre los camellos de su señor, y partió con toda clase de bienes de su señor en su mano; se levantó y fue a Mesopotamia, a la ciudad de Nacor.

11  El siervo hizo que se arrodillaran los camellos fuera de la ciudad, junto al pozo de agua, al atardecer, a la hora en que las mujeres salen por agua,

12  y dijo: "Oh Señor, Dios de mi señor Abraham, te ruego que me des éxito hoy, y que tengas misericordia de mi señor Abraham.

13  Yo estoy de pie aquí junto a la fuente de agua, y las hijas de los hombres de la ciudad salen para sacar agua.

14  Que sea la joven a quien yo diga: 'Por favor, baje su cántaro para que yo beba', y que responda: 'Beba, y también daré de beber a sus camellos', la que Tú has designado para Tu siervo Isaac. Por ello sabré que has mostrado misericordia a mi señor".

15  Y sucedió que antes de haber terminado de hablar, Rebeca, hija de Betuel, hijo de Milca, mujer de Nacor, hermano de Abraham, salió con el cántaro sobre su hombro.

16  La joven era muy hermosa, virgen, ningún hombre la había conocido. Bajó ella a la fuente, llenó su cántaro y subió.

17  Entonces el siervo corrió a su encuentro, y le dijo: "Le ruego que me dé a beber un poco de agua de su cántaro".

18  "Beba, señor mío", le dijo ella. Y enseguida bajó el cántaro a su mano, y le dio de beber.

19  Cuando había terminado de darle de beber, dijo: "Sacaré también para sus camellos hasta que hayan terminado de beber".

20  Rápidamente vació el cántaro en el abrevadero, y corrió otra vez a la fuente para sacar *agua*, y sacó para todos sus camellos.

21  Entretanto el hombre la observaba en silencio, para saber si el SEÑOR había dado éxito o no a su viaje.

22  Cuando los camellos habían terminado de beber, el hombre tomó un anillo de oro que pesaba medio siclo (5.7 gramos), y dos brazaletes que pesaban diez siclos (114 gramos) de oro.

23  Y le preguntó: "¿De quién es hija? Dígame, le ruego, ¿hay en la casa de su padre lugar para hospedarnos?".

24  Ella le respondió: "Soy hija de Betuel, el hijo que Milca dio a Nacor".

25  También le dijo: "Tenemos suficiente paja y forraje, y lugar para hospedarse".

26  Entonces el hombre se postró y adoró al SEÑOR,

27  y dijo: "Bendito sea el SEÑOR, Dios de mi señor Abraham, que no ha dejado de mostrar Su misericordia y Su fidelidad hacia mi señor. El SEÑOR me ha guiado en el camino a la casa de los hermanos de mi señor".

28  La joven corrió y contó estas cosas a los de la casa de su madre.

29  Rebeca tenía un hermano que se llamaba Labán, y Labán salió corriendo hacia el hombre a la fuente.

30  Cuando Labán vio el anillo y los brazaletes en las manos de su hermana, y oyó las palabras de su hermana Rebeca, que le contó: "Esto es lo que el hombre me dijo", *Labán* fue al hombre, que estaba con los camellos junto a la fuente,

31  y le dijo: "Entra, bendito del SEÑOR. ¿Por qué estás afuera? Yo he preparado la casa y un lugar para los camellos".

32  Entonces el hombre entró en la casa, y *Labán* descargó los camellos y les dio paja y forraje, y *trajo* agua para que se lavaran los pies, él y los hombres que estaban con él.

33  Pero cuando *la comida* fue puesta delante de él para que comiera, dijo: "No comeré hasta que haya dicho el propósito *de mi viaje*". "Habla", le dijo Labán.

34  "Soy siervo de Abraham», comenzó a decir.

35  "Y el Señor ha bendecido en gran manera a mi señor, que se ha enriquecido. Le ha dado ovejas y vacas, plata y oro, siervos y siervas, camellos y asnos.

36  Sara, la mujer de mi señor, le dio un hijo a mi señor en su vejez; y mi señor le ha dado a él todo lo que posee.

**37**  "Mi señor me hizo jurar: 'No tomarás mujer para mi hijo de entre las hijas de los cananeos, en cuya tierra habito,

38  sino que irás a la casa de mi padre y a mis parientes, y tomarás mujer para mi hijo'.

39  Yo dije a mi señor: 'Tal vez la mujer no quiera seguirme'.

40  Y él me respondió: 'El Señor, delante de quien he andado, enviará Su ángel contigo para dar éxito a tu viaje, y tomarás mujer para mi hijo de entre mis parientes y de la casa de mi padre.

41  Entonces cuando llegues a mis parientes quedarás libre de mi juramento; y si ellos no te la dan, también quedarás libre de mi juramento'.

**42**  "Hoy llegué a la fuente, y dije: 'Oh Señor, Dios de mi señor Abraham, si ahora quieres, Tú puedes dar éxito a mi viaje en el cual ando.

43  Yo estoy parado aquí junto a la fuente de agua. Que la doncella que salga a sacar *agua*, y a quien yo diga: "Le ruego que me dé a beber un poco de agua de su cántaro",

44  y ella me diga, 'Beba, y también sacaré para sus camellos', que sea ella la mujer que el Señor ha designado para el hijo de mi señor".

**45** "Antes de que yo hubiera terminado de hablar en mi corazón, Rebeca salió con su cántaro al hombro, y bajó a la fuente y sacó *agua*, y yo le dije: 'Le ruego que me dé de beber'.

46  Y ella enseguida bajó el cántaro de su *hombro*, y dijo: 'Beba, y daré de beber también a sus camellos'; de modo que bebí, y ella dio de beber también a los camellos.

**47**  "Entonces le pregunté: '¿De quién es hija?'. Y ella contestó: '*Soy* hija de Betuel, hijo de Nacor, que le dio a luz Milca'; y puse el anillo en su nariz, y los brazaletes en sus manos.

48  Y me postré y adoré al Señor, y bendije al Señor, Dios de mi señor Abraham, que me había guiado por camino verdadero para tomar la hija del pariente de mi señor para su hijo.

49  Ahora pues, si han de mostrar bondad y sinceridad con mi señor, díganmelo; y si no, díganmelo *también*, para que vaya yo a la mano derecha o a la izquierda".

**50**  Labán y Betuel respondieron: "Del Señor ha salido esto. No podemos decir *que está* mal ni *que está* bien.

51  Mira, Rebeca está delante de ti, tóma*la* y vete, y que sea ella la mujer del hijo de tu señor, como el Señor ha dicho".

52  Cuando el siervo de Abraham escuchó sus palabras, se postró en tierra delante del Señor.

53  Entonces el siervo sacó objetos de plata, objetos de oro y vestidos, y se los dio a Rebeca. También dio cosas preciosas a su hermano y a su madre.

**54**  Después él y los hombres que *estaban* con él comieron y bebieron y pasaron *allí* la noche. Cuando se levantaron por la mañana, el siervo dijo: "Envíenme a mi señor".

55  Pero el hermano y la madre de Rebeca dijeron: "Permite que la joven se quede con nosotros *unos* días, quizá diez; después se irá".

56  "No me detengan", les dijo el siervo, "puesto que el Señor ha dado éxito a mi viaje; envíenme para que vaya a mi señor».

57  "Llamaremos a la joven", respondieron ellos, "y le preguntaremos cuáles son sus deseos".

**58**  Entonces llamaron a Rebeca y le dijeron: "¿Te irás con este hombre?". "Iré", dijo ella.

59  Enviaron, pues, a su hermana Rebeca y a su nodriza con el siervo de Abraham y sus hombres.

60  Bendijeron a Rebeca y le dijeron:

"Que tú, hermana nuestra,

Te conviertas en millares de miríadas,

Y posean tus descendientes

La puerta de los que los aborrecen".

**61**  Rebeca se levantó con sus doncellas y, montadas en los camellos, siguieron al hombre. El siervo, pues, tomó a Rebeca y se fue.

62  Isaac había venido a Beer Lajai Roi, pues habitaba en la tierra del Neguev (región del sur).

**63**  Y por la tarde Isaac salió al campo a meditar. Alzó los ojos y vio que venían unos camellos.

64  Rebeca alzó los ojos, y cuando vio a Isaac, bajó del camello,

65  y dijo al siervo: "¿Quién es ese hombre que camina por el campo a nuestro encuentro?". "Es mi señor", le respondió el siervo. Y ella tomó el velo y se cubrió.

66  El siervo contó a Isaac todo lo que había hecho.

67  Entonces Isaac la trajo a la tienda de su madre Sara, y tomó a Rebeca y ella fue su mujer, y la amó. Así se consoló Isaac después *de la muerte* de su madre.

**Capítulo 25**

1   Abraham volvió a tomar mujer, y su nombre *era* Cetura.

2   Ella le dio hijos: Zimram, Jocsán, Medán, Madián, Isbac y Súa.

3   Jocsán fue el padre de Seba y de Dedán. Los hijos de Dedán fueron Asurim, Letusim y Leumim.

4   Los hijos de Madián *fueron* Efa, Efer, Hanoc, Abida y Elda. Todos estos *fueron* los hijos de Cetura.

5   Abraham dio a Isaac todo lo que poseía.

6   A los hijos de sus concubinas Abraham les dio regalos, viviendo aún él, y los envió *lejos* de su hijo Isaac hacia el este, a la tierra del oriente.

7   Estos *fueron* los años de la vida de Abraham: 175 años.

8   Abraham murió en buena vejez, anciano y lleno *de días,* y fue reunido a su pueblo.

9   Sus hijos Isaac e Ismael lo sepultaron en la cueva de Macpela, en el campo de Efrón, hijo de Zohar, el hitita, que está frente a Mamre,

10  el campo que Abraham compró a los hijos de Het. Allí fue sepultado Abraham con Sara su mujer.

11  Después de la muerte de Abraham, Dios bendijo a su hijo Isaac. Y habitó Isaac junto a Beer Lajai Roi.

12  Estas son las generaciones de Ismael, hijo de Abraham, el que Agar la egipcia, sierva de Sara, le dio a Abraham.

13  Estos son los nombres de los hijos de Ismael, nombrados *por el orden de* su nacimiento: el primogénito de Ismael, Nebaiot, después, Cedar, Adbeel, Mibsam,

14  Misma, Duma, Massa,

15  Hadar, Tema, Jetur, Nafis y Cedema.

16  Estos fueron los hijos de Ismael, y estos sus nombres, por sus aldeas y por sus campamentos: doce príncipes según sus tribus.

17 Estos *fueron* los años de la vida de Ismael: 137 años. Murió, y fue reunido a su pueblo.

18 Sus descendientes habitaron desde Havila hasta Shur, que está enfrente de Egipto, según se va hacia Asiria. Se establecieron allí frente a todos sus parientes.

**Hebreos 11**

1 Ahora bien, la fe es la certeza (sustancia) de lo que se espera, la convicción (demostración) de lo que no se ve.

2 Porque por ella recibieron aprobación (testimonio) los antiguos.

3 Por la fe entendemos que el universo fue preparado por la palabra de Dios, de modo que lo que se ve no fue hecho de cosas visibles.

4 Por la fe Abel ofreció a Dios un mejor sacrificio que Caín, por lo cual alcanzó el testimonio de que era justo, dando Dios testimonio de sus ofrendas; y por la fe, estando muerto, todavía habla.

5 Por la fe Enoc fue trasladado *al cielo* para que no viera muerte; Y NO FUE HALLADO PORQUE DIOS LO TRASLADÓ; porque antes de ser trasladado recibió testimonio de haber agradado a Dios.

6 Y sin fe es imposible agradar *a Dios*. Porque es necesario que el que se acerca a Dios crea que Él existe, y que recompensa a los que lo buscan.

7 Por la fe Noé, siendo advertido *por Dios* acerca de cosas que aún no se veían, con temor reverente preparó un arca para la salvación de su casa, por la cual condenó al mundo, y llegó a ser heredero de la justicia que es según la fe.

8 Por la fe Abraham, al ser llamado, obedeció, saliendo para un lugar que había de recibir como herencia; y salió sin saber adónde iba.

9    Por la fe habitó como extranjero en la tierra de la promesa como en *tierra* extraña, viviendo en tiendas como Isaac y Jacob, coherederos de la misma promesa,

10   porque esperaba la ciudad que tiene cimientos, cuyo arquitecto y constructor es Dios.

11   También por la fe Sara misma recibió fuerza para concebir, aun pasada ya la edad propicia, pues consideró fiel a Aquel que lo había prometido.

12   Por lo cual también nació de uno, y *éste* casi muerto con respecto a esto, *una descendencia* COMO LAS ESTRELLAS DEL CIELO EN NÚMERO, E INNUMERABLE COMO LA ARENA QUE ESTÁ A LA ORILLA DEL MAR.

13   Todos estos murieron en fe, sin haber recibido las promesas, pero habiéndolas visto desde lejos y aceptado con gusto, confesando que eran extranjeros y peregrinos (expatriados) sobre la tierra.

14   Porque los que dicen tales cosas, claramente dan a entender que buscan una patria propia.

15   Y si en verdad hubieran estado pensando en aquella *patria* de donde salieron, habrían tenido oportunidad de volver.

16   Pero en realidad, anhelan una *patria* mejor, es decir, la celestial. Por lo cual, Dios no se avergüenza de ser llamado Dios de ellos, pues les ha preparado una ciudad.

17   Por la fe Abraham, cuando fue probado, ofreció a Isaac; y el que había recibido las promesas ofrecía a su único *hijo*.

18   *Fue a él* a quien se le dijo: "EN ISAAC TE SERÁ LLAMADA DESCENDENCIA".

19   Él consideró que Dios era poderoso para levantar aun de entre los muertos, de donde también, en sentido figurado, lo volvió a recibir.

20 Por la fe Isaac bendijo a Jacob y a Esaú, aun respecto a cosas futuras.

21 Por la fe Jacob, al morir, bendijo a cada uno de los hijos de José, y adoró, *apoyándose* sobre el extremo de su bastón.

22 Por la fe José, al morir, mencionó el éxodo de los israelitas, y dio instrucciones acerca de sus huesos.

23 Por la fe Moisés, cuando nació, fue escondido por sus padres durante tres meses, porque vieron que era un niño hermoso y no temieron el edicto del rey.

24 Por la fe Moisés, cuando ya era grande, rehusó ser llamado hijo de la hija de faraón,

25 escogiendo más bien ser maltratado con el pueblo de Dios, que gozar de los placeres temporales del pecado.

26 Consideró como mayores riquezas el oprobio de Cristo (el Mesías) que los tesoros de Egipto, porque tenía la mirada puesta en la recompensa.

27 Por la fe Moisés salió de Egipto sin temer la ira del rey, porque se mantuvo firme como viendo al Invisible.

28 Por la fe celebró la Pascua y el rociamiento de la sangre, para que el exterminador de los primogénitos no los tocara a ellos.

29 Por la fe pasaron el Mar Rojo como por tierra seca, y cuando los egipcios intentaron *hacer lo mismo,* se ahogaron.

30 Por la fe cayeron los muros de Jericó, después de ser rodeados por siete días.

31 Por la fe la ramera Rahab no pereció con los desobedientes, por haber recibido a los espías en paz.

32 ¿Y qué más diré? Pues el tiempo me faltaría para contar de Gedeón, Barac, Sansón, Jefté, David, Samuel y los profetas;

33 quienes por la fe conquistaron reinos, hicieron justicia, obtuvieron promesas, cerraron bocas de leones,

34 apagaron la violencia del fuego, escaparon del filo de la espada. Siendo débiles, fueron hechos fuertes, se hicieron poderosos en la guerra, pusieron en fuga a ejércitos extranjeros.

35 Las mujeres recibieron a sus muertos mediante la resurrección. Otros fueron torturados, no aceptando su liberación a fin de obtener una mejor resurrección.

36 Otros experimentaron insultos y azotes, y hasta cadenas y prisiones.

37 Fueron apedreados, aserrados, tentados, muertos a espada. Anduvieron de aquí para allá *cubiertos con* pieles de ovejas y de cabras; destituidos, afligidos, maltratados

38 (de los cuales el mundo no era digno), errantes por desiertos y montañas, por cuevas y cavernas de la tierra.

39 Y todos estos, habiendo obtenido aprobación (testimonio) por su fe, no recibieron la promesa,

40 porque Dios había provisto algo mejor para nosotros, a fin de que ellos no fueran hechos perfectos sin nosotros.

## Romanos 4

1 ¿Qué diremos, entonces, que halló Abraham, nuestro padre según la carne?

2 Porque si Abraham fue justificado por las obras, tiene de qué jactarse, pero no para con Dios.

3 Porque ¿qué dice la Escritura? "Y CREYÓ ABRAHAM A DIOS, Y LE FUE CONTADO POR JUSTICIA".

4 Ahora bien, al que trabaja, el salario no se le cuenta como favor, sino como deuda;

5 pero al que no trabaja, pero cree en Aquel que justifica al impío, su fe se le cuenta por justicia.

6 Como también David habla de la bendición *que viene* sobre el hombre a quien Dios atribuye justicia aparte de las obras:

7 "BIENAVENTURADOS AQUELLOS CUYAS INIQUIDADES HAN SIDO PERDONADAS, Y CUYOS PECADOS HAN SIDO CUBIERTOS.

8 BIENAVENTURADO EL HOMBRE CUYO PECADO EL SEÑOR NO TOMARÁ EN CUENTA".

9 ¿Es, pues, esta bendición *sólo* para los circuncisos, o también para los incircuncisos? Porque decimos: "A ABRAHAM, LA FE LE FUE CONTADA POR JUSTICIA".

10 Entonces, ¿cómo le fue contada? ¿Siendo circunciso o incircunciso? No siendo circunciso, sino siendo incircunciso.

11 Abraham recibió la señal de la circuncisión *como* sello de la justicia de la fe que tenía mientras aún era incircunciso, para que fuera padre de todos los que creen sin ser circuncidados, a fin de que la justicia también se les tome en cuenta a ellos.

12 También Abraham es padre de la circuncisión para aquellos que no solamente son de la circuncisión, sino que también siguen en los pasos de la fe que tenía nuestro padre Abraham cuando era incircunciso.

13 Porque la promesa a Abraham o a su descendencia de que él sería heredero del mundo, no fue hecha por medio de la ley, sino por medio de la justicia de la fe.

14 Porque si los que son de la ley son herederos, vana resulta la fe y anulada la promesa.

15 Porque la ley produce ira, pero donde no hay ley, tampoco hay transgresión.

16 Por eso *es* por fe, para que *esté* de acuerdo con la gracia, a fin de que la promesa sea firme para toda la posteridad, no solo a los que son de la ley, sino también a los que son de la fe de Abraham, quien es padre de todos nosotros.

17  Como está escrito: "TE HE HECHO PADRE DE MUCHAS NACIONES", delante de Aquel en quien creyó, *es decir* Dios, que da vida a los muertos y llama a las cosas que no son, como si fueran.

18  Abraham creyó en esperanza contra esperanza, a fin de llegar a ser padre de muchas naciones, conforme a lo que se *le* había dicho: "ASÍ SERÁ TU DESCENDENCIA".

19  Y sin debilitarse en la fe contempló su propio cuerpo, que ya estaba como muerto puesto que tenía como cien años, y también la esterilidad de la matriz de Sara.

20  Sin embargo, respecto a la promesa de Dios, *Abraham* no titubeó con incredulidad, sino que se fortaleció en fe, dando gloria a Dios,

21  estando plenamente convencido de que lo que *Dios* había prometido, poderoso era también para cumplirlo.

22  Por lo cual también su *fe* LE FUE CONTADA POR JUSTICIA.

23  Y no solo por él fue escrito que le fue contada,

24  sino también por nosotros, a quienes será contada, *como* los que creen en Aquel que levantó de los muertos a Jesús nuestro Señor,

25  que fue entregado por causa de nuestras transgresiones y resucitado para nuestra justificación.